実例でわかる

事業承継に強い税理士になるための教科書〈第2版〉

松浦 真義 著

税務経理協会

はじめに

　団塊の世代の事業承継がすでにスタートしています。

　税理士として事業承継をサポートする筆者は、現経営者の希望を叶えながら、後継者が円滑に事業運営を行うことができる方法を、クライアントと一緒に検討していく必要があると考えています。

　というのは、経営者によって、老後を優雅に過ごしたい経営者、事業の発展を強く願う経営者、後継者及び後継者以外の子供も含めたスムーズな承継を願う経営者など、事業承継にあたって重視するポイントはそれぞれ違うからです。また、ときに、現経営者の想いと後継者の想いが同じ方向を向いていることもあれば、異なることもあります。その想いについて間に入って調整していくことが、事業承継の実務を手伝う我々の役目であるとも考えています。

　私は、辻・本郷税理士法人に入社以来、「相続・事業承継」部門に配属され、日々業務に携わっております。その間に金融機関の事業承継専門部署に出向したことをきっかけに事業承継についてより深く勉強し、これを実務に活かすことを心掛けることで、多少なりとも経験値とすることができました。このような経験をさせていただいている辻・本郷税理士法人には、大変感謝しています。

　事業承継というと後継者への自社株の承継とこれに対する税負担をいかに少なくするかを重視しがちですが、事業承継後の会社の発展は言うまでもなく、現経営者自身及び家族の幸せを大切に考える現経営者も多くいます。後継者である子供だけでなく、配偶者や後継者ではない子供に対しても十分に資産を残したいという現経営者の希望が多いことも実感しています。つまり、後継者である子供へは自社株を移すのだから、金融資産等は、配偶者や後継者以外の子供に多く残してあげたいということになります。

　したがって、現経営者に事業承継の仕方についてヒアリングするときは、

これらを含めた現経営者の資金的なニーズを必ず確認することにしています。これによって、後継者に対して自社株を贈与した方がよいか、売買した方がよいのかなど自社株の承継方法が変わってくるからです。当然、税金などコスト面で考えることが、経済合理的には正しい判断になるのでしょうが、必ずしも経済合理性だけが優先されないケースも多いのが実情です。

このような様々な想いを実現するためには、経営者の生活資金や事業運営上の資金、納税資金、分配資金など多種多様な資金が必要になってくることがあります。

そこで、本書では、経営者が思い描く生活と後継者の事業運営を両立させるためのキャッシュプラン設計と、これを実現するための事業承継の計画について、その有効性につき、実務上の留意点や持論も含めて示すことを試みました。

なお、第2版を刊行にするにあたっては、以下の点を充実させています。

➤　序章において「『事業承継に強い税理士になる』とは」と題しまして、事業承継コンサルティングについて、日頃感じていることや心構え、やりがい、お客様への対応、さらに事業承継業務の手順などを加えています。

➤　第7章において、持株会社化や組織再編がはじめての方でも理解しやすいよう、追加の解説や図を加えています。また、同章の後継者が不在の場合（M&A）の項目において、株式譲渡と事業譲渡の簡単な解説やスキーム図を加えました。

本書が、事業承継におけるキャッシュプランニングを考えるうえでの入門書として、皆様の一助になれば幸いです。

最後になりましたが、税経通信での連載企画から本書完成に至るまで、原稿の納期が遅れがちな私に対して辛抱強くお付き合いいただき、また、いろ

いろとご指導いただいた税務経理協会の吉冨智子様に深く感謝申し上げます。

2023年2月

辻・本郷 税理士法人

税理士　松浦真義

目次

第2章 現経営者のリタイアを考える

後継者の事業運営を考える

 現経営者・後継者の双方が納得する
キャッシュプラン

事業承継計画を補完するスキーム
―遺言・種類株式・信託―

序章

「事業承継に強い税理士になる」とは

事業承継に強い税理士に
なるとは　01

　事業承継は、我々税理士がサポートする企業にとって、継続企業を前提に
必ず発生する事象であることは言うまでもありません。経営者の一番身近な
パートナーであるべき「税理士」が、その事業承継に関与しないという選択
肢はないと考えています。

　一方で、事業承継の実務というと、とても専門性の高いように感じ、苦手
意識を持っているという人は少なくないように感じています。

　それは、なぜでしょうか？　おそらくですが、下記のような理由が挙げら
れるのではないでしょうか。

・会社法、民法、信託法、場合によっては金融商品取引法など、必要な知
　識が税法以外にも多岐にわたる。
・自社株評価はできるが、対策となるとその仕組みが複雑である。
・事業承継にも組織再編が主流となっていて高度な専門知識が求められる
　のではないか。
・取り扱う金額規模が大きい（リスクが高い）。

　上記は一例になりますが、顧問先の税務会計や決算・申告業務等の通常業
務の傍らで、そのような専門性の高い業務を担っていくことに限界はあるの
かもしれません。現に、私の所属する辻・本郷税理士法人では、社内に事業
承継の専門部署を設けており、私は当該専門部署の責任者として所属してい
ます。専門部署を設けた目的としては、団塊の世代の方の次世代への承継が
ピークを迎えているということもあり、顧問先のお客様の事業承継ニーズの
深堀や新規のお客様の事業承継ニーズに応えるべく、全社的に事業承継のサ
ポートをするためです。たしかに専門性の高い業務は、他の専門士業を含め
知識や経験豊富なメンバーが加わる必要があると思います。

　一方で、例えば、決められた役員退職金を支給して、自社株を相続時精算
課税贈与で後継者に移すだけの比較的シンプルな対策で済むにもかかわらず、
組織再編を実行するケースも見受けられます。顧問先が組織再編を望んでい

るなら別ですが、きちんとニーズも汲み取れていないのにもかかわらず、テクニックに走ってしまうケースもあります。何が言いたいかというと、きちんと経営者に寄り添うことができているか、会社の置かれている状況をよく理解できるか、そしてそれに基づいて提案ができているかどうかが重要と考えます。そのように考えると、もちろん専門知識を持ち合わせておくことは重要ですが、事業承継に苦手意識を持つよりも先に、まずはきちんとオーナーに寄り添って耳を傾け、ニーズに応えるためには、何ができるかということを考え、結果として、知識や経験を吸収していくことで、事業承継に強い税理士として養われていくのではないかと思っています。

私の事業承継業務の きっかけ

02

　2002年に辻・本郷税理士法人に入社したときに、相続・事業承継業務を中心とした資産税中心の部署に配属されたことで、日常的に事業承継業務に携わることになりました。当初は、自社株評価や評価に基づいた毎年の贈与手続きなど基本的なところからスタートして、徐々に、上司や先輩に付いて持株会社の組成など戦略的な事業承継のコンサルティングを行っていきました。並行して、相続税の申告業務や担当している事業会社などの決算業務も行っていたため、資産税業務の割合が高かったものの、特別に「事業承継」を行っているという認識はありませんでした。

　このような中で、事業承継に特化することとなる大きなきっかけは入社4年目に金融機関の事業承継専門部署へ出向させてもらったときに、事業承継業務を深堀していったことです。出向先では、優秀な金融機関の方々と一緒に仕事をさせてもらうことに加え、専門部署ですので、質問も高度な内容になります。それに対応できるように、当時書店に並んでいる「事業承継」というキーワードが付く名の書籍を読み漁りました。このときは、本当に勉強したので、自ずと知識が身についていきましたし、同時に得た知識を実務に活かすことができました。それが現在の基盤となったのだとはっきりと言えます。1年間の出向を終えた後も、学んだこと、経験したことを活かすべく、事業承継業務をより専門的に行っていくことになり、受け持つ案件の件数も増加していきました。そのあとは、常に新制度や改正情報に関してアンテナを張って業務を行っていますので、アップデートしながら更に経験を積んでいくことでより専門性が高まっていきました。

事業承継
コンサルティング 03

1 事業承継コンサルティングとは

　そもそも事業承継コンサルティングとは何か？　何をするべきかがわからない人もいるかもしれません。私なりに考えてみました。

○事業承継とは、事業存続を目的として、会社などの「事業」を現経営者から後継者に引き継がせること。
○現経営者が保有する自社株を後継者に承継することが一般的。
○さらに、会社が保有する「ヒト」、「モノ」、「カネ」のほか、会社に蓄積された「ノウハウ」、「人脈」などの経営資源や会社が事業に使用している現経営者が保有する不動産などの事業用資産についても承継することが必要。

　事業承継コンサルティングは、この事業承継を円滑に行えるようにサポートする仕事です。

2 事業承継と経営（ビジネス）承継

　事業承継は、自社株等の資産承継対策と経営（ビジネス）承継対策に分けて対応する必要があると考えます。主に我々税理士が求められるのは前者ではないかと思いますが、後者も同時に行うことで、付加価値となりえます。

◇事業承継対策（＝資産（自社株等）承継対策）
　　株価算定、相続税、遺産分割、納税資金確保、争族対策
◇経営（ビジネス）承継対策
　　後継者育成、権限移譲、承継後の経営戦略、後継者にあわせた社内資源の再構築や経営基盤体制の構築

事業承継業務の手順

	項目	内容
1.	初回面談～見積	・顔合わせ、ニーズヒアリング ・機密保持契約（NDA）の締結 ・必要書類のお預かり（下記参照） ・見積書の提示 ・業務委託契約の締結 【確認（入手）しておくべき情報】 　・税務申告書、決算書、勘定科目内訳書（子会社含む） 　・個人確定申告書、財産債務調書、国外財産調書 　・株主名簿、全部事項証明書、定款、家族関係図　等
2.	現状の分析・把握	・会社の現状：会社の強みや弱みの分析 ・自社株の評価（当段階では概算値でも可） ・経営者の資産状況（自社株以外の不動産、金融資産等を含め相続税額を試算すると共に、納税資金の状況を確認する） ・推定相続人の把握 ・ヒアリングや分析に伴う課題抽出
3.	株式分散リスク・争族リスクの確認	・少数株主の相続等による「自社株分散リスク」の確認 ・「争族リスク」の確認
4.	後継者の決定	・親族内承継 ・社内役員、従業員等による承継（MBO） ・外部への経営権譲渡（M&A）
5.	対策手法の検討	・事業承継計画の作成 ・対策手法の検討と選択

6.	対策の実行	・株式の贈与、譲渡 ・組織再編等の実施 ・遺言の作成　等
7.	効果の確認・メンテナンスの継続、計画の修正	・定期的な株価、税額、納税資金状況の検証 ・税制改正等への対応としての計画修正 ・後継者の成長度合いに応じた計画修正
8.	更に次世代に向けた事業承継の準備	―

求められる事業承継
コンサルティング 04

1　どんな対応が求められるか

　事業承継は、必ずしも子供などの親族内へ承継する、いわゆる「親族内承継」という出口戦略だけではなく、親族内に後継者がいない場合には、社内の役員や従業員に承継する「MBO・EBO」となることもありますし、社外に承継する「M&A」につながることもあります。どのパターンが会社にとって経営戦略的に有効かの判断も含め、それらすべてのコーディネイトも対応できなくてはなりません。

　税理士が行う事業承継業務というと、狭義にとらえれば、税務を中心とした自社株の承継がメインになると思いますが、広義にとらえれば自社株の承継だけでなく、経営承継や後継者育成、承継後の組織形態・機関設計などの経営体制面をどうするかなどのアドバイスなど、トータルで対応できるコンサルティング能力が求められます。したがって、広義の意味での事業承継業務を行っていくために、税法をはじめ、会社法、民法などの法律を広く理解しておくことはもちろん、より専門性を発揮するために、弁護士、司法書士、社会保険労務士、不動産鑑定士等の専門家とのネットワーク、さらに経営コンサルティングの分野まで対応できることが必要と考えています。

　そのようなニーズから、私が所属する辻・本郷税理士法人では、グループ内の各分野の専門家のネットワークでワンストップ対応ができるよう体制を整えています。

2　事業承継業務のやりがい

　事業承継と一口にいっても、それぞれの会社や人物にストーリーがあり、ドラマがあります。円満な関係の家族（親子）もいれば、残念ながらそうではない家族（親子）もいます。

当然、会社の業種ごとに事業内容も異なりますし、それぞれの登場人物の置かれている状況や感情もありますので、常に新しい問題が生じますし、また、その感情面から直前に実行が叶わなくなるケースもあります。経済合理性で動くものではなく、まさに一筋縄ではいかないのが事業承継だと思っています。

　一方で、人命には限りがありますので、事業承継をしていかないわけにはいきません。事業承継がうまくいかずに、廃業という形になってしまうと、その会社で働く従業員も路頭に迷わせてしまうことになりかねません。私たちは、関与している会社がそのような事態に陥らないように、経験したこと、新しく学んだ知識や知恵などを駆使して、問題解決に当たるわけです。結果として円満に事業承継がうまくいき、お客様に安心してもらえたときは、やはり、「やりがい」を感じずにはいられません。

3　常にリスペクトの気持ちをもって接する

　基本的には、私たちがお相手するオーナーは、私よりも年齢はもちろん人生経験も豊富な大先輩の方ばかりです。経営者の経験をお聞きできることは、逆に学ばせてもらうことの方が多いというのが実情です。したがって、言うまでもありませんが、リスペクトの気持ちを持ち、よくお話をお伺いして、オーナーや後継者が求める本当のニーズは何なのかを理解するように努める必要があります。

　そのためには、オーナーや後継者に対して、会社の経営者という立場だけで話を聞いても本来のニーズは汲み取れないでしょう。オーナーには、経営者の立場のほかに、一家の大黒柱（親）という顔もあります。各立場を意識（イメージ）して、想像しながら、単なる自社株の後継者への承継ということにとどまらず、もし、後継者以外にも大切な家族がいるのであれば、その家族に何をどうやって残したらよいのかなどを含めて、考えながら接するようにしています。

第 1 章

現経営者の希望と
後継者の事業運営との両立

キャッシュプランが
重要な理由

01

　現経営者がリタイアするにあたっては、①「現経営者（配偶者含む）の生活の充実」、②「現経営者の退職後も後継者と会社（社員の雇用確保）が円滑な事業運営を行えること」、③「後継者以外の家族（非後継者）が幸せになること」のすべてが満たされることが望ましいでしょう。当然、家族構成や置かれている状況等、例えば、親族内承継なのか親族外承継なのかなどにおいて、どこに重点を置くかは異なるところですが、日ごろ、現経営者から事業承継について相談を受ける際も様々な希望があり、現経営者のタイプによっても異なります。

　すべてを満たすためには、誰に、どのタイミングで、自社株及びキャッシュをいくら残すのかなど、適切なキャッシュプランが望まれます。

　なお、事業承継税制（特例措置）によって自社株の承継（相続、贈与等）については、税負担がなく承継されるケースも生じています。しかし、前述のように、現経営者に資金ニーズがある場合などは、現経営者に資金を受け取ってもらうプランを検討する必要があります。その場合、例えば役員退職金を充実させるために、予め会社の内部留保を厚くしておき、退職金の支給に備えておくことや、あるいは、原資としての事業保険を活用することなどの検討が必要になってくるほか、さらに資金ニーズがある場合には、自社株についても譲渡をして現金化するほうが望ましいケースも出てくると思われます。

1　現経営者がハッピーリタイアを実現するために

　現経営者がハッピーリタイアを実現するためには、後継者の確保、会社の継続ないしは従業員の雇用継続、経営者及び従業員の家族の生活などすべてにおいてうまくいくことが望ましいでしょう。特に、最低限、現経営者及び配偶者の老後の生活資金を確保して、ある程度、悠々自適な生活を送れる状況でないと、今まで何のために頑張ってきたのかわからなくなってしまいま

す。

　そのために、事業承継の際は、現経営者が老後生活を送るための十分な資金の確保ができるかどうかについて、検討する必要があります。

　これまで役員報酬等で現経営者自身に十分なキャッシュの蓄えがあるのであれば、退職金を多く受け取ったり、自社株を譲渡によって換金化したりすることは、原則として相続財産を増加させてしまうため、結果として相続税が増え、上策ではない可能性があります。この場合には、退職金はほどほどに、後継者への自社株も贈与という形で承継することが望ましいでしょう。

　一方で、現金化して相続財産が一時的に増えたとしても、例えば、現在は健康で年齢から計算された平均余命等を目安にして、それが何十年もあるのであれば、これからの生活資金として有効に活用できるかもしれません。また、その期間内に子や孫に対して贈与でキャッシュを移していくことも十分可能です。さらに、換金したキャッシュで賃貸不動産を購入して、将来、これを後継者以外の子供に相続させれば、現経営者及び後継者以外の家族の収入を安定させることも可能です。

　これらは一例ですが、このように、現経営者のハッピーリタイアを実現するにあたっては、現経営者の「想い」が重要になってきます。我々税理士としては、その実現に向けて一緒に考えてサポートできれば、より確実な信頼関係を築いていけると思われます。

2　後継者と会社が円滑な事業運営を行うために

　現経営者がリタイアした後も、後継者と会社及び社員が事業運営を行うためにも、当然として資金が必要です。例えば、運転資金、設備投資資金、人件費の支払いなど、事業運営に必要な資金は確保できる状況になければなりません。

　例えば、現経営者がリタイア後のキャッシュの受取りを望んだとして、多

額の役員退職金を支給するといったケースで、会社側としては、退職金は現経営者にとって最後のまとまったキャッシュの受領ですから、前述したようにハッピーリタイアを実現するために、報いてあげたいところです。しかしながら、会社が運転資金を削ってまで支給してしまっては、今度は会社の事業運営に支障をきたすことになるでしょう。この場合、会社にその後の運転資金がいくら必要で、不足分について金融機関融資で調達できるのか、調達できたとして、返済ができる範囲なのか、など検証しなければなりません。このことが事業承継の計画として予め分かっていれば、事前に会社が事業保険等に加入することなどにより、役員退職金の資金原資を賄うことも可能です。あるいは、会社の資金繰りを考慮して、役員退職金の一部を年金支払にするということも考えられます。

3　後継者以外の家族が幸せになるために

「後継者だからといって、兄貴ばかりが財産を取得して……ずるい！」という意見は時折出ます。後継者以外の子にとっては、民法は平等である観点からは当然の意見であるし、兄は兄で「後継者の苦労も知らずに！」ということにもなります。引き継ぐ側にとっては、立場や置かれている環境が異なれば、当然として意見も異なってきます。

　当然、現経営者もそれぞれの親ですから、後継者が会社を継ぐ（＝自社株を承継する）代わりに後継者以外の家族には、すべて平等ということは難しいかもしれませんが、十分な資金を残して、不自由なく暮らして欲しいと願うことは当然のことでしょう。

　前述したように、後継者以外の家族にキャッシュを残すためには、現経営者の所有する自社株を全部又は一部を譲渡して資金化することや、役員退職金として受け取ったキャッシュを分配資金としておく必要があるでしょう。別に不動産を所有していれば、不動産は後継者以外にということも可能です。

自社株の後継者への承継方法について、無償（贈与）とするか有償（譲渡）とするかとは、非後継者に対する考慮での判断でされることが多いと感じています。

第 2 章

現経営者のリタイアを考える

現経営者の今後の生活 設計で検討すべきこと 01

1 現経営者の状況把握と今後の生活設計

　はじめに、現経営者の今後の生活について考えるにあたっては、現経営者の状況把握が必要となります。状況把握とは、後継者の有無や経営承継の状況のほか、我々税理士の観点からすれば、現経営者の資産及び負債の状況を把握して、自社株を含め財産評価を行い、同時に相続税の試算を行うことが主となります。

　これによって、財産構成のみならず、資産のうち換金が困難な資産（自社株や不動産等）の占める割合、遺産分配しやすい金融資産の割合などを確認することができます。ここで同時に、現状の金融資産で今後の生活資金として十分かどうか、さらには相続税の納税ができるかどうか、自社株を後継者に承継する際に子供たち兄弟間で不平等にならないかなど、様々な点について把握することができます。現状の状況把握といっても、将来、受け取ることができる役員退職金や死亡保険金などがある場合には、それらも加味します。

　また、現状の金融資産を把握し、今後の収入を加味すれば、将来の生活設計を描くことや、今後の贈与のプランを考えることなどが可能になります。

2 いつ、誰に、会社を承継するか

　「誰に会社を引き継がせるのか？」——まず後継者を決めないことには、事業承継をスタートすることができません。子供など親族内での承継か、または会社をよく知る現役員、従業員に承継するのか、あるいは、第三者へのM&Aを検討するのかを決定する必要があります。

(1) 子供などへの親族内承継の場合

現経営者が後継者の第一候補として考えるのは、多くの場合は親族であり、中でも子供が中心になるケースが多くあります。この場合、考慮すべき点として重要なことは、「本人に本気で会社を継ぐ意思があるか」ではないでしょうか。また、「経営者として向いているか」ということも判断するうえで非常に重要です。

(2) 従業員などへの親族外承継の場合（MBO[①]・EBO[②]）

子供など親族内に後継者としての適任者がいない場合、その会社の事情に明るく、安心感のある、現役員陣又は従業員に承継させるのも一つの事業承継の方法です。これまで、現経営者とともに会社を運営してきた実績があるため、スムーズに業務を進められることにメリットがあります。また従業員にとっても、外部へのM&A[③]とは異なり会社の文化や企業風土等が変わるわけではないので安心といえます。

ここでのポイントは、「役員、従業員、取引先などの利害関係者の了承が得られるか」、さらには、「自社株を引き受ける資力があるか」ということになります。今後の会社の借入金等に対して連帯保証人となることができるかなど、後継者に引き継ぐにあたり相当な覚悟がないと実現が難しいところです。後継者本人に継ぐ気があってもその家族に反対されるといったケースも実際は少なくありません。

---

① Management Buyoutの略で、役員等の経営陣が、事業の継続性を前提に自社株を買い取り、オーナー経営者として独立する行為をいいます。
② Employee Buyoutの略で、MBOと同じケースで、役員等の経営陣ではなく、従業員が買い取るケースをいいます。
③ Merger and Acquisitionの略で、企業の合併と買収を総称として用います。M&Aの具体的な方法としては、株式譲渡、事業譲渡、合併、会社分割、現物出資、現物分配、株式交換・移転、第三者割当増資等があります。

(3) 第三者への承継 (M&A)

親族内、役員陣・従業員ともに後継者がいない場合、従業員の雇用維持や取引先との関係を考えると、簡単に会社を廃業するわけにはいかないでしょう。この場合、M&Aの方法により、会社を外部へ売却して第三者に経営してもらうのも一つの選択肢です。現経営者は、会社経営の悩みから一気に解放されるとともに、M&Aにより取得する自社株の譲渡代金をもとに悠々自適な生活を送ることができます。

ここでのポイントは、「買い手がみつかるか」、「価格に折り合いがつくか」、さらには、「従業員の雇用が引き続き約束されるのか」といったところになります。

近年、後継者不足により親族内承継が減少している中、税理士としては、第三者へのM&Aに対する実務についても対応できるようしておきたいところです。第三者へのM&Aについては、第6章で別途お話しします。

次に、「いつ」事業承継するかのタイミングですが、M&Aということになるとその状況は様々です。例えば、現経営者の病気が発覚した、子供や従業員が会社を承継しない（させられない）ことが決定したなど、時期について計画的に決められるケースは多くないのではないでしょうか。

一方、親族内承継や役員・従業員などへの承継については、現経営者の引退時期、後継者への代表者交代の見極めのタイミングなど、計画的に図ることが可能です。社内外の混乱を避けるためにも、できる限り、事業承継計画を決めておきたいところです。

3 後継者への円滑な承継を行うために

(1) 代表権の移転と所有権の移転

後継者への承継については、「代表権」の移転④と自社株などの所有権の移転があります。自社株などの所有権の移転の方法については、相続、生前贈

与、売買があります。この承継方法によって、かかる税金が変わってくる（4参照）ので、できるだけ早めの検討と対策が必要です。

　代表権の移転とは、代表取締役としての地位を移転することです。新しい経営者は基本的に新しいことをやって自分の独自色を出そうとするものです。そのため、いきなり全権を委譲してしまうと、社内外に混乱を生む原因となることがあります。後継者にとっても、せっかくやる気を持って頑張ったにもかかわらず、結果として悪い方向に進んでしまうこともあります。

　そのようなことを避けるためには、現経営者と後継者が併走する期間が必要です。現経営者が後継者をフォロー等することにより、代が替わっても、社員は安心して働き続けることができ、取引先も安心して付き合いを続けることができることが理想です。

　そのためには、なるべく早く事業承継を行うことが必要です。現経営者が高齢になり機動的に動けなくなってからの事業承継では、しっかりとしたフォローができません。また、事業承継を行わないうちに現経営者が認知症等を発症してしまった場合には、重要な業務がストップし、最悪の場合は廃業に追い込まれる可能性も出てきます。

(2) 自社株の「準共有」問題

　遺産分割協議において自社株が未分割の場合、「準共有（民法264）」⑤の状態となります。

　この場合、議決権の行使が困難になる可能性があります。なぜなら、株式の共有持分の過半数をもって定めるとされているからです。

---

　④　自社株の承継とは別に、経営に関する役職としての代表取締役の地位の移転を表現しています。
　⑤　未分割等の理由により、不動産などの一つの財産権について複数人で所有権を有する場合は「共有」となり、所有権以外の財産権を複数人で有する場合にも共有の規定が準用されることから、「準共有」となります。自社株は、議決権等の権利の特殊性から「準共有」で分割されることになります。

例えば、現経営者の父が有議決権株式の60％を所有、後継者の長男（社長）が40％を所有している状態で、現経営者が急逝、相続が発生したとします。長男以外の相続人は、長女と次男ですが、まったく会社には関与していません。このとき、父の60％の株式が、遺産分割協議の未了により未分割である場合、「準共有」の状態となります。

　この場合の準共有とはどのような状況でしょうか。一見、長男の従来からの持分の40％に、父の持分の3分の1であった20％が上乗せされて、長男の議決権割合は、合計60％になるように感じられるかもしれません。しかし、そうではありません。父の60％の議決権割合が、長男、長女、次男の準共有状態にあると、結果として三者の多数決により議決権を行使することになります。したがって、長女と次男が手を組んで長男に反対した場合、2人で60％を行使することができます。これに対して、長男は従来から保有していた40％しか議決権を行使することができません。最悪のケースでは、長男を役員から解任することも可能なのです。

　このようなことを避けるために、現経営者は遺言書を作成し、少なくとも自社株については後継者である長男が引き継ぐことができるよう、対処しておくことが必要です。

4　事業承継に生じる主な税金

　事業承継における自社株の承継には各種税金がかかりますが、承継方法によって、税金の種類も課税される対象者も異なってきます。優良な会社では、株式評価額が想像以上に高額となっていて、相続税が高くなることが想定されます。相続税が原因で会社を潰してしまうようなことを避けるために、早めの対策を促す必要があります。承継方法による主な税金の区分は以下のとおりです。

承継方法と主な税金の区分

承継方法	税金	課税対象者	留意点
相続	相続税	後継者	内部留保が蓄積されている場合、換金性が低い割には相続税評価額が比較的高くなるケースが多い。
生前贈与	贈与税	後継者	・暦年贈与の場合、通常は相続税よりも税率が高い。 ・遺留分の問題がある（後継者以外の相続人との関係）。
売買	所得税	現経営者	・適正価額での売買であれば遺留分減殺請求の対象とならない。 ・約20％の税率で済むが購入資金の問題がある。

　上記は主な税金であり、その他、退職金支給時の所得税や自己株式取得（金庫株）を行う場合の所得税の特例など、事業承継にあたっておさえておきたい税金は多数あるので、随時述べていきたいと思います。

5　非後継者への資産の残し方

（1）遺留分減殺請求に対する手当
　後継者以外にも子供がいる場合で、かつ、自社株の評価額がオーナーの資産の大部分を占めているケースにおいては、後継者に対して、自社株及び事業用資産を残すことになります。そのため後継者以外の子供には、金融資産や会社の事業に関係しない不動産等を残すということが考慮の中心になるでしょう。
　その際のポイントとしては、後になって後継者以外の子供から遺留分の減殺請求[6]がなされることがないよう、生前の遺留分放棄や民法の特例を活用

するなど、できる限りの手当てをしておくことになります。

(2) 退職金の財源準備を十分確保

　現経営者が、退職に伴って会社から受け取った退職金を原資に、配偶者や後継者以外の子供に対して配分を行うことで、後継者以外の人に対する分配を行うことができます。会社の資金繰りに目配りする必要はあるものの、分配資金や将来の相続税の納税資金も考慮して、できるだけ多く受け取ってもらうことも一つの提案でしょう。場合によっては、法人税の役員退職金の適正額[7]（損金算入限度額）を超えての支払いも良しとし、現経営者ないしは家族のことを考えて対応するといったこともおかしくはないと思われます。このことについては、改めて後で解説していきます。

(3) 後継者への自社株承継は、贈与（無償）ではなく譲渡（有償）にすることも

　自社株を譲渡する場合は、価格が低廉でない限りは遺留分とは無縁であるため、現経営者に相続が発生した際の相続人間のトラブルリスクを軽減することができます。

　また、現経営者には自社株の譲渡対価としてキャッシュが入るため、現経営者の生活資金に活用することが可能になるほか、財産分与の場面でも公平感のある財産分与が可能となります。

　一方で、後継者は資金調達を要するため、借入を行う場合には、無理のない返済が可能かを慎重に検討する必要があります。

---

[6]　遺留分とは、遺族の生活の安定や相続人間の平等を確保するために、相続人（兄弟姉妹及びその子を除く）に法律上確保された最低限度の財産であり、遺言等により偏った相続が生じる場合、遺留分に相当する財産を取り戻すことができ、取り戻すために家庭裁判所に対して申立てを行う行為を遺留分減殺請求といいます。

[7]　算定方法は複数あり、採用金額は、会社により様々ですが、法人税の損金として認められる金額となります。

(4) 遺言[8]の必要性

　後継者には自社株、後継者以外には金融資産という分け方を実現するためには、やはり、きちんと遺言書で行先を定めておくことが重要でしょう。

---

[8]　死後における自身の財産の処分を、残された人（相続人）に伝えるとともに、その実現を図ろうとするものです。遺言の種類は、いくつかありますが、一般的かつ実務的には、「公正証書遺言」と「自筆証書遺言」の2つの方式が用いられています。

現経営者が望む方向性 02

　これまで、事業承継におけるキャッシュプランニングの必要性の概要について述べてきました。これより後は、事業承継にあたってのキャッシュプランについて、現経営者が望むであろう方向性をタイプ別に見たうえで、現経営者、後継者、非後継者及び会社が事業承継のために生じてくる必要な資金について検討していきます。

　なお、テーマの性質上、経験を踏まえた私見が多くなることをご容赦願います。

　現経営者が望む事業承継の方向性については、筆者のこれまでの経験による持論ではありますが、大きく区分して、「事業重視タイプ」、「現経営者の生活重視タイプ」、「非後継者の生活重視タイプ」、以上の3つのタイプに分類することができるのではないかと考えています。

　もちろん、すべてを重視する経営者もいると思われますし、どのタイプであったとしても事業承継の仕方としては、すべてを満たすことが理想です。結局のところ、これらをすべて考慮して対策を行うことが、事業承継を円滑に進めるためには重要であると思います。

1　事業重視タイプ

　「事業重視タイプ」とは、現経営者は、現役中、自身の生活を会社に捧げてきた創設者あるいは創業者に多いタイプです。どちらかというと生涯現役を貫きたいという反面、会社の事業発展を重視するため、後継者不在等の理由で会社を潰さないよう事業承継に対しても積極的に取り組むタイプです。したがって、自身が会社から多額の役員退職金を受け取るということや、自社株を現金化したいといったことはあまり考えておらず、運転資金や設備投資資金確保に役立つよう会社内に資金を留保し、会社が発展することを望んでいます。

このタイプの現経営者には、まず、後継者に自社株を集中させるには納税資金を確保する必要があることや、後継者以外の推定相続人_⑨に対して資金手当が必要であることなどを十分に理解してもらう必要があります。自社株の評価や相続税試算などの現状分析を行い、ビジュアルでイメージできるようにしながら、納税資金や遺産分割に際し資金が必要であることを示していきます。

　この資金負担額が重い場合には、結局のところ、将来に発生する現経営者の相続の際に、金庫株での買取り請求への対応や死亡退職金の支給などにより会社がキャッシュアウトせざるを得ない状況となってしまいます。結果として会社の財務内容が棄損してしまう恐れがあることなどを指摘し、事業承継のために必要な資金の準備を促しておく必要があるといえます。

2　現経営者の生活重視タイプ

　現経営者自身の引退後の生活を重視する場合を「現経営者の生活重視タイプ」と考えると、一見、自分よがりのように受け取られるかもしれません。しかし、これまで会社を大きくするために頑張ってきたのだから、当然その報酬は受けるべきではないかと思います。また、現経営者に信頼できる後継者がいて、その後継者にすべて任せられる状況であれば、こんなに幸せなことはなく、悠々自適に暮らしていく権利はあるでしょう。ある意味、社内の事業承継がうまくいっているからこそ、セカンドライフの生活を重視できるといえるわけで、それを悪く思う人がいるでしょうか。むしろ引退後は、内助の功で支えてくれた配偶者とこれまで叶わなかった旅行に行くことや、子供や孫たちとプライベートな時間を過ごす時間に費やすなど人生を楽しむ生活を送ることも一つでしょう。

---

⑨　相続が起きた場合に相続人となる人を推定相続人としています。

また、子供などの家族から、退任後はゆっくりと優雅に暮らしてほしいと願われた結果、現経営者自身においても、今後の生活を重視しようという認識に至ったケースもあります。

　このタイプの現経営者の承継に関しては、きちんと現経営者自身及び配偶者の理想とするセカンドライフをヒアリングします。そのうえで、その理想を叶えるためのキャッシュプランとして、受け取る役員退職金の額や、自社株の後継者への承継を贈与とするか売買とするかなどについて一緒に検討していくとよいのではないでしょうか。

3　非後継者の生活重視タイプ

　「非後継者の生活重視タイプ」とは、現経営者の子供たちを平等と考え、後継者だけを優遇するのではなく、後継者以外の子供に対しても、遺留分相応の現金だけを残すということではなく相当の財産を平等に分配したいというタイプです。後継者以外の子供の生活だけを何よりも重視する、という意味ではありません。後継者である子供へは会社の自社株や事業用資産を集中させる代わりに、後継者以外の子供に対しては、自社株以外の金融資産等を分配するかたちとなります。

　このとき、現経営者が分配できるだけの金融資産等を十分保有していれば問題ないのですが、財産の大半が自社株である場合には、当然として資金手当が必要であることから、そのための準備をしておくことが必要です。具体的には、役員退職金を手厚く受け取るケースや、自社株の後継者への承継を、贈与ではなく、個人間売買又は後継者が設立する持株会社⑩への売却で行うというケースが多いようです。

後継者主導の事業承継対策で
オーナーの不信感が発生

　機械金属加工業を営むA社は、会長（父）世代で基盤を築き、社長（長男）が大胆な設備投資を行い成功した会社である。今後も利益が大きく伸びていく見込みとなっている。

　会社の成長は望ましい。しかし、オーナーである会長夫妻から社長に株式が相続されることになれば、会社の成長によって膨らんだ株式の評価額は、社長に多額の相続税の負担を生じさせることになる。今後のことを不安視する社長が主導し、相続・事業承継対策に着手した。

　今期には海外への大きな投資損失が生じ、一時的に株価が下がるタイミングであった。そのため、会長夫妻から社長へ贈与する方法で承継することを考えた。贈与税の納税資金の捻出を検討した。

　そんな折に、甲社より設備資金等の出資要請があった。増資よりも、社長の株式を直接売却することで、贈与税の納税資金確保に加え、資本金等の増加が抑えられ、税制上のメリットも享受できることから、社長株の売却を選択。しかし、会長夫妻から社長に株式贈与を行う際、自分たちに資金が一銭も入ってこないことへの違和感と、警戒感が残ってしまった。結果、会長夫妻と社長との間に不信感が生じてしまった。

---

⑩　事業承継では後継者に自社株を集約する必要がありますが、現経営者からの自社株の承継が売買である場合、後継者個人の資金で賄うことは難しくなります。後継者の出資で持株会社を設立して、この持株会社が金融機関等から資金調達を行い、現経営者から株式を買い取り、その資金調達の返済原資を事業会社からの配当（受取配当等の益金不算入を適用）で返済を行うスキームを実行することで、持株会社が実現します。

顛末としては

　その後に何度か話し合いの場を設け、会長夫妻所有の不動産をA社が買い取り資金化すること及び将来的な役員退職金の支給を見据えることで納得してもらった。後継者主導であっても会長夫妻の気持ちをくみ取りながら、対策を行う必要があると強く感じた。

事業承継を考える上での 必要な資金 03

　次に、事業承継を考えるにあたって、どのような資金が必要であるかについて、現経営者、後継者、非後継者、会社ごとに区分して、それぞれ必要な資金を掲げたうえで、そのタイミングや準備方法についても確認してみます。

1　現経営者に必要な資金

(1)　生活資金

　いわゆる退任後の現経営者及び配偶者の生活資金であり、その必要性は言うまでもありません。現経営者自身のハッピーリタイア及びセカンドライフというステージにおいて、配偶者を含めて悠々自適な生活を送ってもらうための必要な資金です。必要な金額は、現経営者が代表者を引退する時点の蓄えや受け取る年金等により異なってくるでしょう。

　代表者を退任するまでの間は役員報酬で賄えていたわけですが、退任後は、無報酬となるか、支払ったとしても大幅に減額しなくてはならないのでそれは見込めません。したがって、現経営者の退任時における役員退職金の額や自社株の換金等が原資となり、またこれらが最後に受け取ることができる大金になります。

　これからますます長寿国となる中で、退任後及び老後の生活資金として必要以上の金額を準備しておく必要があります。なぜ「必要以上の金額」かというと、現経営者及び配偶者には「祖父母として、今後、孫の教育資金なども出してあげたい」という気持ちがあることが多いからです。こういった気持ちも汲み取る必要があると思っています。

(2)　納税資金

　後継者である相続人及びその他の相続人が、将来の相続税の納税資金として、納税に困ることがないよう、そのための資金を確保しておく必要があります。現金のみの相続であれば現金で納税を賄うことができますが、特に自

社株や不動産にかかる相続税については、事前に相当金額を現金贈与等で受け取っている場合は別として、後継者が自身の持ち出しで支払うことは、なるべく避けたいところです。

　また、自社株について株価対策を行って、株価の低いタイミングで相続時精算課税制度⑪による生前贈与を受ける場合には、一見、事業承継に関する税金の問題が解決しているように捉えられがちですが、そうではありません。

　まず、相続時精算課税制度による贈与の時点で、2,500万円の特別控除後の金額に20％の贈与税を支払う必要があるため、この資金の確保をどのように行うか検討することになります。次に、将来の現経営者の相続時には、相続財産に持ち戻されることになります。すなわち、現経営者の相続時の相続財産に、贈与した自社株の贈与時の価額を加算して相続税を計算します。相続税額からは、すでに支払った贈与税額を控除します。しかし相続税率が高い現経営者であれば、このとき、「相続時のオーナーの相続税率－20％」の税額（簡単に言えばですが）を負担しなくてはならないことになります。この負担額に対する納税資金の手当ても忘れるわけにはいきません。

　このような相続時精算課税制度を利用した場合に、贈与の時点で発生する贈与税は、若くて蓄えのない後継者にとっては大きな負担となります。株価

---

⑪　贈与の方法には、年間110万円まで非課税の「暦年課税制度」と、これと選択制で、一生の累計額が2,500万円までの「相続時精算課税制度」の2つの方法があります。後者の制度の特徴は、贈与した財産は、贈与時の価額で、将来贈与者の相続財産に持ち戻しが行われることです。今後株価の上昇が予想される自社株等については、役員退職金の支給後などの株価が低いタイミングで同制度による贈与を行うことで、価額を固定化できます。また、2,500万円を超えた場合の税率も一律20％であることから、事業承継の贈与の方法として活用されています。

　なお、令和5年度税制改正大綱によると、贈与制度について大きな見直しが行われます。主な内容としては以下のとおりです。改正内容を踏まえて承継プランを検討する必要があるでしょう。

　(1) 暦年課税制度の相続開始前に贈与があった場合の加算期間について、現行の「3年」から「7年」に延長されます。

　(2) 相続時精算課税制度について、毎年、贈与額から基礎控除110万円を控除できることになります。

が低いタイミングを見計らっての贈与であり、かつ、20％の税率とはいえ、小さいものではありません。金融機関、現経営者又は会社などから資金を借り入れ、後継者が代表取締役に就任後の役員報酬等で返済していくことなどが、資金手当てのプランとして考えられます。また、相続時において支払うべき相続税及び贈与時に納税資金として借りた残額があれば、相続した自社株を金庫株として発行会社に売却して、その対価により精算をするといったプランもあるでしょう。

　相続時精算課税制度によって贈与された自社株については、相続した自社株とみなされ、相続開始日から3年10か月以内に発行会社に売却した場合のみなし配当課税の特例の対象となります。そうすると、みなし配当課税ではなく譲渡所得課税で計算ができるため、これをうまく活用して相続税の納税や贈与時の借入金残債の返済の出口戦略として活用するケースもあります。

(3) 分割資金

　前述したとおり、相続人である子供が複数いる場合、後継者に対しては自社株を集中的に渡す替わりに、後継者以外に対しては、金融資産を中心に分配する必要性が生じることがあります。財産において自社株の割合が高い場合には、分配する金融資産の額が役員退職金で充当できる金額であればいいのですが、不足する場合には、自社株の一部又は全部を売却して現金化する必要もあります。そのほか、現経営者が保有して会社が利用している不動産などを、自社に売却して分割資金とする方法も検討できます。

(4) 株式買取り資金（少数株主への対応）

　自社株が少数株主等に分散している場合には、比較的資金力があり、少数株主にも比較的顔がきく現経営者が直接買取りを行うことが望ましいといえます。この株式買取りの資金が必要になるという認識はしておく必要があるでしょう。

2 後継者に必要な資金

(1) 生活資金

　会社承継後は、後継者が代表取締役となって経営を担っていくため、当然ながら役員報酬として、生活資金を賄っていくことになります。しかし、会社の財産状態、収益状況が良好でなければ難しい場合もあるので注意しましょう。また、事業承継後に代表者となった場合には、会社に何かあったときに備えた資金も蓄えておく必要があるため、貢献の程度に応じてではあるものの、なるべく多く役員報酬を受け取るように考慮する必要があります。

(2) 教育資金

　後継者世代の承継時の年齢にもよりますが、後継者のその子供の教育資金が多額にかかるケースが多くあります。生活資金の一部ともいえますが、さらに次の後継者をその子供（孫）と考えている場合で、例えば、会社が海外展開を考えている場合などは孫を留学させることなども含めた教育資金もいわゆる事業承継に必要な資金といえるのではないかと考えます。

(3) 納税資金

　上記1（2）と重複するため、そちらを参照願います。

(4) 株式買取り資金（少数株主への対応）

　上記1（4）と重複しますが、現経営者では集約しきれない部分については、後継者世代で買い取る必要性もあるため、潜在的に必要な資金として認識しておく必要があります。

3 非後継者に必要な資金

(1) 生活資金

　非後継者であっても会社の社員又は役員として自社に勤務していて給与又は役員報酬を受け取っているケースもあります。逆にそうではない場合には、後継者とは異なり、自社からの給与又は役員報酬等は見込めないため、生活資金については自身又は配偶者の勤め先等からの給与等で生活資金を賄っていくことになります。

　後継者と差がついてしまうことは仕方がないことではありますが、親として、ある程度、子供同士では平等にという観点から、少なくとも生活には困らないよう手当てをしてあげたいという気持ちがあります。そのため現経営者としては、非後継者に現金贈与をすることや、遺産分割時に金融資産を分配することを望む場合が多くあります。

　また、非後継者に対しては、賃貸不動産を贈与や相続等で承継させることや、事業会社とは別の不動産賃貸会社の株式を保有している場合にはその株式を非後継者に承継させ、そこからの給与で生活資金を手当てするというプランも考えられます。

(2) 教育資金

　上記2(2)の後継者と同様、教育資金がかかる世代であり、さらに英才教育を受けさせるのであれば教育資金は多額に生じます。直系尊属から子、孫への教育資金贈与等については税制が後押ししている間はできるだけ活用したいところです。

(3) 納税資金

　相続や贈与等で自社株以外の資産の分配を受けた場合には、相続税及び贈

与税の負担が生じます。このとき現金であれば、納税資金として充当が可能ですが、不動産の場合には、これにかかる贈与税、相続税等について、どのように納税資金を確保するかについても納税のキャッシュプランのひとつとして必要です。

4 会社に必要な資金

(1) 事業運転資金

　計画的に事業承継が行われて事業運転資金を確保できれば問題ありませんが、最悪のシナリオとしては、現経営者が急逝してしまい、株価が高いにもかかわらず現経営者の資金はほとんどなく、後継者が突如として事業承継に直面する場合です。この場合、相続税の納税資金を会社の資金で賄うことになるケース、あるいは、後継者が他の兄弟との遺産分割で揉めてしまって自社株の一部が後継者ではない兄弟にわたり、結果として、株式の買取り⑫をしなくてはならないケースなどがあります。このようなシナリオに陥ると、確実に会社の財務やキャッシュフローが棄損し、事業運転資金に影響を与える結果となってしまうため、避けなければなりません。

(2) 退職金の財源準備

　事業承継税制⑬（特例措置）により、納税猶予制度の活用が増えています。しかしこれを活用していく場合には、後継者に株式を相続又は贈与することになるため、原則として現金化されることは見込まれません。そうすると、現経営者にとって、退任時における役員退職金が、多額の資金を受け取る最

---

⑫　後継者以外の、例えば、会社に関係のない兄弟姉妹に相続する権利を主張され、自社株が相続されてしまった場合、後継者は経営を円滑に進めていくために、必要株数を確保する必要があり、株式の買取りを行わなければならないことが想定されます。

後の機会になります。前述したような現経営者の生活資金、遺産分割のための資金等を賄うためには、できるだけ役員退職金を多く受け取ることができるようなコンサルティングが必要になってきます。

　特に、現経営者が創業者であると、役員在任期間もそれ相応に長く、会社が支給する役員退職金も多額になることがあります。役員退職金の損金計上⑭という観点からも、原則的には、未払計上はせずに一括で支給しておきたいところです。そのため、退職金の財源として、事業運転資金に影響を与えないよう、内部留保の蓄えや借入も含めた資金調達方法について計画的に準備しておく必要があります。財源準備の事前準備としては、法人を契約者、現経営者を被保険者とする生命保険金の活用⑮が代表的です。

　なお、この役員退職金のプランニングについては、生前退職金として受け取るか死亡退職金として受け取るかなどを含めて、具体的なプランニングを解説する際にあらためて詳細に記述します。

---

⑬　後継者が、先代経営者から経営承継円滑化法の認定を受けて非上場会社の株式等を贈与又は相続等により取得した場合、一定の要件を基に、その非上場株式等に係る贈与税・相続税の納税を猶予できる制度です。猶予された相続税・贈与税は、先代経営者や後継者の死亡等により、納税が免除されることとなります。一方で、一定の取消事由等に該当し、納税猶予期限が確定した場合、猶予されていた相続税及び贈与税に加えて、猶予期間に対応する利子税をあわせて納付する義務が生じることになります。2018年度の税制改正により、2018年1月1日から2027年12月31日までの10年間の特例措置として、適用要件が大幅に緩和されています。

⑭　役員退職金については、損金算入限度額までは、損金計上が認められていますが、分掌変更に該当する場合には、未払計上が認められていないため注意が必要です。

⑮　法人を契約者、現経営者を被保険者とする保険契約を予め締結しておきます。保険金の解約返戻金のピークを現経営者の退任時期にあわせることで、現経営者の退任時における多額の退職金支払いの原資として活用することができます。

(3) 株式買取り資金

① 持株会社が買い取る場合

代表的な例が、後継者が持株会社を設立し、金融機関からの借入金等で資金調達を行い、現経営者から自社株を買い取って替わりに現金対価を支払うという、いわゆる持株会社スキームです。これを行う場合には、その株式買取り資金が必要になってくるため、金融機関等に借入に応じてもらえるよう、財務的にも健全にしておく必要があるといえます。

② 少数株主からの買取りの場合

現経営者や後継者個人ではなく、会社に財務体力があれば、自社で少数株主からの買取りに応じることもあるため、そのための資金についても認識しておきたいところです。

③ その他

後継者が事業承継した後に、今後の会社の拡大等を見据えて、M&Aにより他社を買収するといったことも想定されます。

さらに、会社の役員などの経営陣への承継で、いわゆるMBOスキームによる場合には、新経営陣が会社を設立し、金融機関等から株式購入資金を調達して現経営者から株式を購入します。この借入金の返済原資としては、実質的に事業会社のキャッシュフローから行われるため、MBOによる承継を想定する場合は、その資金が必要といえます。

(4) 相続税の納税資金（金庫株等の原資）

前述した金庫株特例⑯を利用して、後継者が相続税を納める場合には、後

---

⑯　通常、株主が発行会社に株式を譲渡した場合、みなし配当課税（総合所得課税）となり、最高で55％の所得税・住民税が生じることになります。一方で、相続税を支払った納税者が相続した非上場株式等を、相続発生日から3年10か月以内に発行会社に売却した場合には、相続税の納税資金等の確保の観点から、みなし配当課税とはせずに、譲渡所得課税とされる特例をいいます。

継者が相続等した自社株を会社が法人税法上の時価で買い取ることとなるため、その資金も会社で蓄えておく必要があるでしょう。内部留保があれば問題ありませんが、運転資金などを考慮すると不足する場合は、生命保険や金融機関からの借入金に頼るケースも想定されます。

(5) 現経営者からの借入金がある場合の返済原資

　現経営者からの借入金がある場合には、そのままにしておくと相続財産になってしまいます。会社の財務状況にもよりますが、金融機関等への借り換え、代物弁済⑰やDESといったことで解消する方法も検討すべきです。

事業承継を考える上で必要な主な資金

必要な資金	対象者				資金準備方法
	現経営者	後継者	非後継者	会　　社	
生活資金	要	要	要	－	役員報酬・給与、退職金、株式譲渡代金、生命保険金等
教育資金	－	要	要	－	
納税資金（相続税、贈与税等）	要	要	要	－	
遺産分割資金	要	（要）	－	－	退職金、株式譲渡代金、生命保険金等
株式買取り資金	要	要	－	要	退職金、株式譲渡代金、生命保険金、借入金等

⑰　現経営者等からの借入金の弁済について、資金による弁済ではなく、不動産等の現物で弁済する方法をいいます。現物資産に含み損益等がある場合は、含み損益が実現し、特に益が生じる場合は、法人税等が生じるため注意が必要です。

| 運転資金 | − | − | − | 要 | 会社のキャッシュフロー、内部留保、借入金等 |

実例 2　株式交換で金庫株の特例が使えない

　食品製造業を営むB社から、先代経営者から後継者に自社株を承継すると同時に、既に存在する持株会社の100％子会社にしたいとの相談を受けた。

　この持株会社は、以前に他の株主から自社株を買い取って設立されたものであったが、この買取りの際、金融機関から億単位の借入れをしていた。その返済原資として、B社からの配当の全額を確保する必要があり、100％子会社化を目指していた。

　なお、先代経営者の体調不良により、自社株の承継を急ぐ必要があった。

　そこで、現経営者に対して退職金を支給し株価が下がったところで、相続時精算課税制度を利用することにした。後継者へ自社株の生前贈与を行うと同時に、株式交換で100％子会社化を行った。株価が低いタイミングでの持株会社化によって、B社の値上がり益に対する法人税相当額の控除の制度も活用でき、後継者の株価対策も同時に行うことができたため、事業承継自体はうまくいったといえる。

　先代経営者には、後継者以外に配偶者と長女、次女の推定相続人がいたため、遺留分を侵害しないように分配を配慮した遺言書を後日作成した。ところが、遺言に基づいて試算をしてみると、後継者の納税資金が確保できない。

　通常は、相続後に自社株を発行会社であるB社に売却することで、相続後のみなし配当課税の特例及び取得費加算の特例を活用して、相続税の納税資金を捻出できる。しかしこのケースでは、株式交換により、後継者の所有す

る株式はB社株式から持株会社株式に代わっていた。持株会社株式は、相続した株式そのものではないことから、みなし配当課税の特例が活用できないこととなってしまった。

―――――― 顛末としては ――――――

納税資金不足を提示したところ、後継者が受け取る役員報酬で賄うことができる想定内の金額であったため、問題には至らなかった。むしろ当時のタイミングで精算課税贈与を行っていなければ現状のB社の株価は、20倍程度に膨らんでいたため、安心感を持ってもらえた。当時、株式交換後に持株会社の株式を先代経営者から後継者に贈与する方法も検討できたが、承継を急ぐ必要があり、また、株式交換直後に贈与することは、スキーム組成上、避けたかった部分であった。とはいえ、現経営者の相続税を含めた資産承継も含めて出口戦略を検討すべきであった。

第3章

後継者の事業運営を考える

後継者の事業運営上
考慮に入れるべきこと
01

前章では、現経営者がキャッシュプランについて望む方向性と現経営者、後継者、非後継者及び会社が事業承継で生じる必要となる資金について列挙し、キャッシュプランの検討を行いました。

本章では、事業承継において後継者の事業運営を考える上での留意点をテーマにしています。特に、後継者が会社を承継した後の議決権については、安定確保ができていないと、後継者が経営をするうえで支障をきたすことが多いと想定されることから、非常に重要な要素となります。

後継者が、現経営者からの事業承継にあたって考慮すべきこととしては、多々あると思われます。特に、我々がアドバイスできるであろう中で重要なこととしては、「会社の議決権の確保」と、「会社の事業運営資金の把握」ではないでしょうか（事業承継において必要な資金の把握も重要ですが、第1章で述べましたのでここでは省略します）。

議決権確保の重要性 02

　事業承継において、後継者の経営権（議決権①）の安定確保は、絶対条件です。

　それにもかかわらず、何も対策をせずに、現経営者に相続が起きてしまうと、自社株が分散してしまい、結果として経営権も分散してしまう可能性が高いといえます。したがって、自社株の承継については、相続が起きたときではなく、現経営者の相続が起きる前に、かつ、現経営者が十分に意思決定が可能な元気なうちに現経営者自身が対策するのが望ましいでしょう。

　なお、事業承継対策においては、議決権を後継者に集中させて、経営を安定させる必要があります。この経営安定化のためには、最低でも、普通決議の議決権が行使可能な議決権の2分の1超は確保したいところです。だが、さらに目指すべきところは、特別決議が可能な議決権の3分の2以上です。さらに社外株主に特別決議の否決権となりうる3分の1超を保有させないということも議決権の対策において一つの重要なポイントです。

1　少数株主にも強い権利がある

　事業承継対策においては、後継者に議決権の3分の2以上を確保させることが目指すところではあり、最低でも2分の1超を確保したいというのは前述のとおりです。それに加えて、議決権の観点から注意するべき事項としては、「少数株主対策」が挙げられるのではないでしょうか。少数であるということで、この対策を意外と軽視している、あるいはこれに関してはあまり関わりたくないという現経営者及び後継者も数多くいます。しかし、少数株主にも強い権利②があって、これがもとになってトラブルに発展しているケースが多いということも事実として確認したいところです。また、現経営者及び後継者に対しても強く認識してもらいたいことです。

---

　①　株主総会の決議に際して、賛否を表明することができる権利をいいます。

例えば、議決権割合を3％以上保有している株主がいる場合、帳簿及び書類の閲覧権③があります（51ページ図表参照）。以下記述の［実例1］のようにライバル会社の役員である少数株主から決算書の開示を求められるということも十分想定されるため、事前に対応するのが望ましいところですが、このようなことについて、認識をせずに潜在的なリスクを抱えている会社は少なくありません。

　その他にも、1株以上の株式保有で「株主代表訴訟提起権④」があり、非上場の会社であっても件数は少なくなく、むしろ非上場会社の占める割合のほうが高いというデータもあるようなので注意したいところです。

　また、同じく1株以上保有している株主がいれば、「株式買取請求権⑤」があるため、高い金額での買取りを要求されるリスクや、例えば、会社が経営上の判断で、他者との合併や会社分割、株式交換等の組織再編行為を行う場合にあたっても、これに対して少数株主が反対した場合、買取請求権が生じてしまいます。これらの組織再編は、会社の特別決議により可能となりますが、実は組織再編に関して、株主には、反対株主に対する買取請求権があります。このことを意識せずに現経営者グループで特別決議が行使できるから問題ないといって安易に決議をしてしまうと、思いもよらず、1人の遠い親

---

②　過去の相続対策等で親族に配当還元価額等で株式を渡しているケースで、通常の会社運営においては問題がないと考えられがちです。しかし例えば、少数株主に相続が発生した場合などに相続人から行われる高額買取り要求への対応や、その潜在的なリスクを考慮し早めに買い取るなどの対応が必要になってきます。

③　総株主の議決権の100分の3以上の議決権を有する株主又は発行済株式（自己株式を除く）の100分の3以上の数の株式を有する株主は、株式会社の営業時間内は、いつでも、請求をすることができます（会社法433条）。

④　会社法847条で「責任追及等の訴え」として規定されており、株主が会社を代表して取締役等の役員に対して責任を追及するために提起する訴訟のことをいいます。

⑤　株主が発行会社に対して、株式の買取りを求める権利をいいます。例えば、会社の合併、株式移転・交換、会社分割等に反対する場合には、株式買取請求権が認められています。

戚の株主が高額での買取りを要求してきてトラブルに……ということにもなりかねません。警戒すべき少数株主がいる場合、慎重に判断すべきでしょう。

このような事例を踏まえると、少数株主対策は実施しておきたいと考えるものの、後継者世代がこれを行うのはなかなか難しい面もあります。後継者世代においては、少数株主が株を所有するに至る経緯を把握していないなど、少数株主との繋がりが薄れている傾向があります。後継者が会社を引継ぐ前に、もっと言えば現経営者が元気なうちに少数株主対策を実施しておくべきであると考えます。

キャッシュプランという意味では、少数株主に対する対応については、名義株として相手も認めている場合等を除いては、対価を支払って買い集めるケースがほとんどであるといえますし、相手次第ではありますが、その対価が高額になることも想定されます。（現経営者、後継者、会社のうち）誰が買い取るかなども含め、そのための買取資金が必要であることは認識した上で準備しておく必要があるでしょう。

> 実例 1　**少数株主を整理していなかったために、思わぬ先に株式が承継されてしまった**
>
> 　X社は、社長Aが自社株を90％保有しており、会社経営は社長単独でできる状況。迅速な意思決定が強みで、業績も堅調に推移。また、無借金経営のため、決算内容は非開示であった。
>
> 　そんな折、X社の自社株を10％保有している遠い親族のBに相続が発生した。X社株式も相続財産として遺産分割協議の対象となり、遺産分割の結果、Bの長男のCが相続することになった。
>
> 　実は、CはX社と同業でライバルのY社の役員であり、CはX社の株主として、決算書の開示を要求してきた。

　上記事例の対応策の中の、「相続人等に対する売渡請求」⑥（会社法174）に
ついての定めを設けるのは、一つの方法です。なおこの制度は、定款に記載
した上で、実際に相続で好ましくない株主に株式が相続される場合、株主総
会の特別決議によって行使が可能となります。このとき、売渡請求の対象者
は、株主総会において議決権を行使することができません。したがって、会
社と株主の合意を必要とせずに、会社の意思決定のみで相続人等から株式を
買い受けることができ、会社にとってその好ましくない相続人を株主から排
除することが可能になります。

　一方で、リスクもあります。主要株主である現経営者が死亡した際にも同
様に、現経営者の相続人（売渡請求の対象者）は、議決権を行使することが
できないため、少数株主がいる場合にはその少数株主のみで決議が可能とな
ります。悪用されれば、現経営者が保有していた株式をすべて会社に買い取
られてしまい、少数株主に会社を乗っ取られる（あまり良い言い方ではあり
ませんが）危険性があります。

　すなわち、大株主にとって諸刃の剣となる危険性があり、適用する場合は、
このようなリスクヘッジの対応を踏まえておく必要があります。

---

　⑥　株式会社は、相続その他の一般承継により当該株式会社の株式（譲渡制
　　限株式に限る）を取得した者に対し、当該株式を当該株式会社に売り渡す
　　ことを請求することができる旨を定款で定めることができます（会社法
　　174）。

2 避けたい「未分割」と「準共有」

　「準共有」については、第1章でも触れましたが、まずは、以下記述の［実例2］を参照願いたいと思います。

　自社株が未分割の場合、「準共有」（民法264）の状態となります。共有というと法定相続分の議決権は行使が可能なイメージがありますが、議決権の行使については、株式の共有持ち分の過半数をもって定めるとされていて、議決権行使が困難になる可能性があります。

　［実例2］の場合は、過半数を有する者がいないため、議決権の行使も困難な状態となりえるのですが、この点を理解していない現経営者及び後継者も多いため、きちんと説明をし理解してもらう必要があるでしょう。

　また、金庫株の特例を活用して、相続税の納税を検討することは、納税の出口戦略として、実務上も多いケースではありますが、この金庫株の特例は適用期間内（相続開始日から3年10か月以内）に遺産分割協議を成立させた上で、実行する必要があるため、自社株が未分割である場合には、実行が叶わないことになってしまう可能性が高くなります。そのため、現経営者がきちんと自社株の行き先を決めて、遺言書を書いておくことが望ましいといえます。

実例 **2**　自社株が未分割となったケース

　Z社の業績は順調で、後継者は長男で父である社長から会社経営を学んでいた。一方、次男は会社の経営には興味を持たずに、サラリーマンとして会社勤めをしていた。

兄弟同士で話し合った際も会社は長男が継ぐことを次男も同意していたため、事業承継も順調に進んでいると考えていたところ、父が体調を崩して急逝。

　自社株は全株が父のものであり多額の相続税の支払いが必要であるが、自社株をＺ社が買い取る、自社株買い（金庫株）をすることで捻出することを考えていた。

　ところが、次男との遺産分割協議で、自社株以外に大きな財産がないことから、次男から自分も自社株の半分を相続して資金化したいとの申し出があった。しかし、Ｚ社には相続税の納税資金分くらいしか預貯金がないため話し合いがまとまらず、納税の目途が立たずに未分割の状況で申告することになった。

　自社株は、「準共有」の状態で議決権の行使ができない。さらに相続財産が未分割であることから、「相続により取得した非上場株式を発行会社に譲渡した場合の課税の特例（金庫株の特例）」のほか、「非上場株式等に係る相続税の納税猶予」、付随して土地についても「小規模宅地等の評価減の特例」などの税負担を抑える特例の適用が受けられない状況となってしまった。

―――――――――― 顛末として ――――――――――

　父が遺言書を作成することで、申告期限内に自社株買いを実行して、納税資金を確保することができた。

［出典　辻・本郷税理士法人編著「税理士が見つけた！相続の失敗事例64 2訂版」事例34を編集して引用］

株主の権利（議決権）

議決権割合	内　　容	会　社　法
3分の2以上 （特別決議）	定款変更	309条2項11号
	資本金の減少	309条2項9号
	合併、会社分割、株式交換、株式移転	309条2項12号
	事業譲渡・事業譲受	309条2項11号
	第三者に対する新株の有利発行	309条2項5号
	累積投票により選任された取締役及び監査役の解任	309条2項7号
	会社解散	309条2項11号
	特定の者からの自己株式の取得	309条2項2号
2分の1超 （普通決議）	取締役及び監査役の選任及び取締役の解任	329条・341条
	取締役及び監査役の報酬額（退職慰労金を含む）の決定	361条・387条
	計算書類の承認	438条2項
	自己株式の取得	156条
	その他、総会での普通決議（会計監査人の選任等）	309条1項
3分の1超 （経営権に関与）	特別決議（3分の2以上）に対して拒否権を持つことになり、経営権に影響を及ぼしうる	－
10％以上	会社解散請求権	833条
3％以上	総会招集請求権・同招集権	297条
	取締役及び監査役の解任請求権	854条
	帳簿及び書類の閲覧権	433条
	業務財産調査のための検査役選任請求権	358条

1%以上	総会検査役選任請求権	306条
1%以上又は 300株以上	総会の議題・議案提出権	303条
1株以上	株主議決権・剰余金配当請求権・株式買取請求権・株主総会決議取り消し訴訟提起権・株主代表訴訟提起権	―
単元未満株式 自己株式 相互保有株式	総会での議決権を有しない	308条

実例 3　吸収分割を予定していたが…

　飲食店業を営むC社は、不動産販売業、損保代理店業、酒類販売業を各々子会社として抱えている。酒類販売業を営む子会社の事業の一部を、親会社であるC社に移したいという相談があった。

　すぐさま、子会社から親会社C社への無対価の吸収分割を提案し、許認可の引継ぎを含めたスケジュール化を行った。提案した吸収分割は簡易吸収分割に該当しており、株主総会の決議が不要である。手続きはスムーズに済むと考えていた。

　ところが、親会社の株主に親族である少数株主がいた。その株主より、以前から金銭が必要であるとのことでC社株式の高額買取請求が行われていたものの、C社が応じていなかったという事情があった。

　弁護士から、吸収分割は実行できたとしても、少数株主が本組織再編に反対すれば、株式の買取りに応じなければならなくなるという指摘があり、スキーム実行を断念した。

　実行前に回避することができたので、リスクの具現化には至らずに済んだ。しかし、スケジュールまで組み、実際に進めることを前提としていたため、やりきれない感が生じてしまった。

　この実例に限らず組織再編を行う際に少数株主がいる場合には、常に買取請求が起きうることを想定して提案している。

事業運営資金の把握 03

　後継者が事業運営するうえで、一番根本的で重要なのが、運転資金などの事業運営資金ではないでしょうか。ここでは、この事業運営資金について触れたいと思います。

　後継者が会社を承継する際には、会社が現経営者に役員退職金等として一般的には高額な金額を会社がキャッシュアウトした後で、承継後の会社の事業運営資金をやりくりする必要があります。ここはぜひ認識してもらいたいポイントになります。逆にいうと、現経営者が役員退職金を多くもらいたいと思うのであれば、後のことも考えて、資金調達を検討しておくことも後継者に対する配慮ともいえます。もちろん、役員退職金支給の支給財源として、事業保険や金融機関から借り入れることも多くありますが、会社の資金がキャッシュアウトすることには変わりありません。

　一方で、役員退職金や自社株の売買で現経営者が取得した現金を会社に貸し付けることはできますが、いつまでも親に頼るわけにいきません。それに非後継者に対する分配資金としても準備しておく必要があるほか、そもそも貸付金は現経営者の相続財産を構成してしまうため、一時的に生じたとしてもなるべく早期に解消したいところです。後継者としては、そのうえで承継後の会社の事業運営資金を考えていく必要があります。

　そのために後継者は、会社の財務状況について十分に把握しておく必要があります。貸借対照表や損益計算書のほか、会社の借入状況やその返済を含めた会社の資金繰り（キャッシュフロー）についても、経営者として把握しておくべき数値です。先代から無借金経営で、会社内に資金も潤沢な状況で引継ぐことができるのであれば問題ありません。しかし、会社は設備投資や運転資金といった必要な資金があり、事業を継続させていく上では、金融機関からの有利子負債がある会社がほとんどです。また、承継後は後継者が連帯保証人になるのが必須ですから、先代経営者から事業承継する際には、あらかじめ会社のこれらの状況は把握しておきたいところです。この点については、我々税理士等が全面的にフォローする場面ですので、後継者とともに

今後の会社運営についてサポートできれば後継者の信頼も得られて今後の関係を築けるポイントではないかと考えます。

後継者としての資質　04

　後継者に必要な資質は何か？と問われると、①カリスマ性、②マネジメント能力、③リスク管理能力、④社内外の交渉力など、経営学やマネジメント論の話となります。税理士としては、このような経営コンサルティングを得意とする人もいるとは思いますが、専門領域を超えてしまう部分ではあるかもしれません。一方でできることなら、専門領域外とは捉えずに会社の経営のアドバイスを担っていくことも経営者の身近なパートナーである税理士に求められるものであり、それが事業承継業務の付加価値になるものと筆者は考えています。少なくとも様々な会社を客観的に見ている専門家としては、他社の成功事例や失敗事例を顧客に伝えることでアドバイスとすることはできるのではないかと考えています。

　また、それよりも重要なことは、特に中小企業においては、後継者は、社内組織の一部の部署だけを事務的にみるというわけにはいかず、会社の業務の全てを把握しなければならないということです。それは、会社の業種目などにもよりますが、仕入・製造・販売といった商売のほか、人事労務・税務会計などの管理業務に至るまで、幅広い知識と経験が要求されるからです。できることなら、現経営者が現役中の早い時期に会社に入り、ともにこれらを経験していくことで培われるのであれば、これが望ましいと考えられます。

　そして、一緒に過ごし経験していくなかで現経営者の苦労を知り、またその現経営者と苦労をともにしてきた社員たちを尊敬する気持ちを忘れないことも重要でしょう。

　後継者は、比較的高学歴で、一般教養については身に付いている人が多い傾向にあります。一方で、経営は総合的な人間力が要求されます。社会人になった後も、継続的に人間力を磨いていけるということが、後継者としての資質ではないかと思います。

　ある会社の経営者が（その経営者自身もかつて先代から事業を引き継いだ方です）、先代からの承継について言っていたことが強く印象に残っています。そのまま表現すると、

「先代の父が偉大であったため、当初は父とは違う独自色を出すことで、自分も経営者として認めてもらいたいと考えていた時代もあった。しかし、それでは、ほとんどがうまくいかずに、社員もついてこなかった。散々もがいた結果、まずは父がこれまで作り上げてきたものを同じように真似して実行してみて、そのうえで、時代の変化など、必要に応じて変えるべきものを変えていくという形の方が、結果として、会社経営がうまくいったし、社員もついてきた」

ということでした。

　当然のことながら例外もあるでしょうが、先代経営者が偉大であればあるほど、後継者には、独自色を出すことに固執せずに、先代が作り上げてきたものに敬意を表することが求められます。一人で突っ走らずに、重要な問題は先代に相談するなど、先代経営者と後継者がともにそれぞれの役割の違いを認識して、お互いを尊重し合うことが重要です。

　そのような意味では、やはり双方コミュニケーションが最も重要ではないかと感じています。それができるためには、現経営者が元気な生前から事業承継について一緒に考えていく時間が必要なのではないでしょうか。我々税理士も現経営者と後継者の間に入ってコミュニケーション不足を解消することに関しては、サポートできるかもしれません。

実例 4　有限会社の議決権の誤解

　建築業を営むD社では、創業者で代表取締役会長の家族構成は妻と娘3人であり、長女の夫と三女の夫がそれぞれ会社に入っている状況であった。長女の夫に、主たる後継者として、三女の夫とも協力して会社を運営してもらいたいと望んでいた。

業績も好調であったことから、相続対策も兼ね、妻、長女、三女で3分の1ずつを出資して資産管理会社（有限会社）を設立し、D社の株式の一部を所有させていた。また、この資産管理会社はD社の本社（不動産）を買い取り、D社から家賃を受け取る形で不動産賃貸業を営んでいた。

　創業者は、長女の夫を代表取締役社長に据えて長女夫婦を中心に自社株の贈与を行っていた。しかし、長女の夫は、暴走気味で従業員に対する求心力がなく後継者としての資質がないことがわかった。また一方で三女の夫は、従業員から慕われていた。結果として、長女と三女は夫婦同士で対立することになってしまった。創業者は、やむを得ず長女の夫を社長から解任し、三女の夫を後継者として見据えることとした。

　社長を外されたことが面白くない長女夫婦は、会社を出ていき、多額の退職金の要求とともに長女夫婦に贈与された自社株の買取りを求めたため、創業者である父が株を買い戻すことになった。長女夫婦は、次女も仲間に取り込み、受け取った現金を原資にD社のライバル会社を設立した。

　続いて後継者となった三女夫婦に対する事業承継対策として、海外への投資により生じた損失により株価が低いタイミングで、父が長女夫婦から買い取ったD社株を後継者である三女夫婦に贈与で集約したうえで、D社の株式を一部保有する資産管理会社の長女の持ち分3分の1についても、今後のD社の議決権行使に影響を及ぼさないよう、また、今後高額な金額での買取り要求をされないように早期に、（三女夫婦は長女夫婦の表には出られないため）創業である父が買い取ることを提案した。

　ところが長女は、資産管理会社への出資は父との唯一の繋がりとなるので所有し続けていたいと主張してきた。資産管理会社はD社が利用している不動産を所有していることから、外部に手離すことは本意でない。また、不動産取得税等の移転コスト軽減の兼ね合いからも、売買でD社に不動産を移転した後に、資産管理会社を解散することも合理的でなかったことから、代替

案として、D社との逆さ合併を提案した。長女が買い取りに応じなかったとしても、資産管理会社の持分については妻と次女で3分の2を確保できており、逆さ合併については実行可能であると考えていた。また、資産管理会社は債務超過であり、時価は僅かに計上されるものの、相続税評価上は、株価がゼロであったことから、合併による長女への株式割当については僅かであり、そもそも長女は買い取りを希望していないこと、合併に反対をして買取りを要求されたとしても支払う金額的にも影響がないものと考えていた。

　ところが、本スキームの関与した司法書士より、有限会社の特別決議には、4分の3以上の決議が必要であるとの指摘を受け、結果としてスキーム実行が難航してしまった。

―――――――――――――――― **顛末として** ――――――――――――――――

　逆さ合併を実現するにあたって、長女から反対されることを懸念すると長女から資産管理会社の持分を買い取ることが必須となった。買い取るにあたっての長女への説明として、資産管理会社について資金繰り上の理由での「解散」という説明をして納得してもらい、債務超過であったことから額面金額での買取りにも応じてもらえた。

　有限会社は、現在では新規に設立することはできない。役員等の任期もなく希少価値がある一方で、決議等には注意しなければならないことを学んだ事例である。

第4章

現経営者・後継者の双方が
納得するキャッシュプラン

事業承継のための計画 01 （キャッシュプランの把握）

　本章では、現経営者及び後継者の双方が、納得するキャッシュプランとするための事前計画を主に考察してみたいと考えています。

　なお、双方が納得するキャッシュプランとは、双方が事業承継に伴う税金の負担額が少なく済むものであるに越したことはありません。しかしこれまでにも触れたように、現経営者のハッピーリタイアのための生活資金や非後継者に対する分配資金を含めた資金ニーズに沿っているか、また後継者も自社株の承継に伴う資金負担として、毎月の借入返済の負担が過重であるなど無理な資金計画となっていないかなど考慮されているかなども含めて検討する必要があります。そのためには、事業承継計画を立て適切なタイミングで必要なキャッシュを準備していくことになります。

　事業承継を行うにあたっては、できれば事業承継のための計画を立てることが望ましいでしょう。中小企業庁のホームページ等にも事業承継計画表のモデル①が掲載されていますので、詳しくは参照願います。

　例えば、その事業承継計画表では、後継者を決めてその承継期間を10年間と定めたならば、代表者交代のタイミング、バトンタッチまでの並走期間、事業の計画（売上・利益など）、自社株の承継プラン（いつ、何％の株式を、贈与で渡すなど）などの承継計画を具体的に決めていきます。これらを決めておくと、いつまでに何をすべきかが明確になり、現経営者及び後継者にとってビジュアル化されるためわかりやすいのです。

　これに、必要なキャッシュプランについても付け加えていくと、どのタイミングで資金が必要でいつまでに準備する必要があるかなど事業承継に関するキャッシュプランが立てやすくなります。例えば社長の交代のタイミングで役員退職金を支給するということであれば、その時までに支給すべく役員退職金の原資を会社で準備しなくてはならないし、バトンタッチ前に経営権の安定化のため、少数株主からの株式の集約を予定しているのであれば、買

---

①　中小企業庁のホームページ参照（http://www.chusho.meti.go.jp/zaimu/shoukei/shoukei20/q18.htm）

い取る者の買取り資金の準備をしなくてはなりません。またその原資や返済計画についても検討しておく必要があります。

　現経営者と後継者双方が納得するキャッシュプランを考える前提としても、具体的なスケジュールをもとに双方で把握していることが重要になってきます。

どのように
資金を準備するか 02

　事業承継計画でキャッシュプランを併せて立てると、どのタイミングで資金を準備しなくてはならないかが明確になります。これに基づいて、現経営者ないしは後継者又は会社が資金を準備することになります。

　事業承継に伴い、どこに、どのタイミングでキャッシュを準備するか。それぞれのタイミングにおけるポイントを、以下に述べていきます。

1　役員報酬

　役員報酬は事業承継にかかわらず生じますが、その金額は、事業承継にも影響を及ぼすものです。例えば、現経営者の将来の役員退職金の支給限度額の算定根拠ともなります。これには、所得税、法人税との兼ね合いもありますが、代表者は退任して、身を引く立場であると考え、また、退任後の生活資金も十分たまったということから、数年前から役員報酬額を適正額以下に下げてしまうことがあるでしょう。しかしながら役員退職金の適正額の算定にも影響してくることを考えると、同理由で報酬額を下げてしまうのは、事業承継の観点からは賢明ではない場合も生じます。できる限り、退任するまでは適正額の支給を維持すべきものと考えられます。事業承継税制（特例措置）により納税猶予制度が拡充された結果、現経営者から後継者への贈与を選択するケースが増えていることが想定されます。非後継者への分配資金の配慮等を考えると、役員退職金を適正に受給することの重要性がより高まっているのではないかと筆者自身は考えています。

　また、後継者が受け取るべき役員報酬については、自社株の現経営者からの承継について、贈与なのか売買なのかによっても異なってくるものですが、贈与なのであれば、納税猶予制度を活用する場合を除き、贈与税負担が生じます。また、譲渡であれば、その買取り資金が必要になってきます。このとき後継者は、まだ年齢が若いことや経験が浅いということだけで、現経営者や他の役員に比べて、適正額以下で支給されていることも少なくありません。

報酬額の支払い過ぎはよくないものの、事業承継を見据えて貢献に応じた適正額を支払い、然るべき事業承継資金の支払いに備えるべきであるとも考えられます。

2　役員退職金（生前退職金か死亡退職金か）

　役員退職金の受け取り方については、現経営者の生前の退任に基づいて現経営者が役員退職慰労金を受け取る場合と、現経営者が代表者あるいは役員等の在任中の死亡により、その相続人が死亡退職金として受け取る場合の2種類があります。事業承継を考える上で、これを考慮のうえ事業承継のプランニングを検討する必要があります。

　よく、役員退職金は、税務上、死亡退職金として受け取るのが有利か、生前退職金として受け取るほうが有利かの質問を受けることがあります。実際の有利・不利については、現経営者の財産額や現状の金融資産の割合等により異なります。

　ただし、事業承継プランを考える場合や、自社株対策という意味では、退任時期を定めて後継者との並走期間を設けることが望ましいこと、生前退職金を非後継者への分配資金として、遺言書等で分割内容を定めておくべきであることなどを考慮すると、生前退職金として受け取るプランの方が計画を立てやすいのではないかと思われます。

　それぞれのポイントを列挙すると、以下のとおりです。

(1) 生前退職金による場合

①　現経営者の退任のタイミングにあわせて、退職金を支給することで計画的な事業承継が可能となる一方で、現経営者は第一線から退く必要があり、実質的に退任していないとみなされる場合は、役員退職金そのものが否認されてしまう可能性があります。

② 生前退職金は税制面で優遇されており低い所得税負担で現経営者の手取り額を比較的多く残すことができます（下記「退職所得の計算」参照）。

③ 現経営者の相続時においては、現金として課税されるので、現金について対策を行う場合は、生前贈与や不動産を購入することが考えられます。ただし、相続税の納税資金は確保しておくべきです。

④ 退職金として受け取ったキャッシュを非後継者へ対する分配資金に充てることができます。

⑤ 会社の資金繰りの都合上、役員退職を一時金で支払うのが難しい場合、退職年金として支払いを併用する方法や分割支給により支払う方法を選択することができます。

退職所得の計算

（役員退職金－退職所得控除額(注1)）× $\dfrac{1}{2}$ ＝退職所得の金額

退職所得の金額×税率（所得税・住民税）＝税負担額

(注1)　退職所得控除額
　　　　勤続年数20年以下　40万円×勤続年数
　　　　勤続年数20年超　　800万円＋{70万円×（勤続年数－20年）}
(注2)　役員任期が5年以下の場合は、2分の1を乗じることはできない

（2）死亡退職金による場合

① 現経営者（被相続人）が現役のままでの死亡によって、現経営者に支給されるべき退職金を相続人が受け取る場合で、被相続人の死亡後3年以内に支給が確定したものは、被相続人のみなし相続財産として相続税の課税対象となります。

② 退職手当金には、500万円×法定相続人の数までの非課税限度額があ

り、この非課税限度額を超える金額が相続税の課税対象となります。

③　被相続人の相続税率が高い場合は、最高で55％の税率で課税されます。

④　相続税の計算上、株式評価は、役員退職金が未払金として計上されるため、純資産価額を減少させる効果がありますが、類似業種比準価額は影響がありません。

⑤　退職金支給の翌年度の株価の引き下げが見込めるため、さらに次世代への自社株の承継を考えることも検討可能です。

⑥　会社から支給される弔慰金についても一定額まで非課税です。

⑦　生命保険金と同様に死亡退職金は、みなし相続財産であり、原則として受取人固有の財産となることから、遺産分割の対象外となります。したがって、例えば規程等に後継者が受け取り、非後継者へは代償分割により遺留分相当額の資金を支給するというような遺産分割方法を定めることも検討できます。

(3) 役員退職金の原資の準備
①　会社の内部留保の蓄積

役員報酬は、所得税が総合課税となり、報酬が高いほど税負担が大きい場合があります。よって、（上記1の役員報酬との兼ね合いもありますが）役員報酬は抑えて受け取りながら、将来の役員退職金の原資として毎期社内に積み立てを行っていく方法があります。将来の現経営者の役員退職金に備え、少しでも社内に蓄積することができれば、事業承継に伴い役員退職金支給後の会社の事業運営資金なども考慮すると安心でしょう。そのためには、どのタイミングでどのくらいの資金が必要であるかを見積もる必要があります。事業承継計画を立てたうえでどの程度蓄積が必要かということの検討が重要になってきます。

② 事業保険の活用

上記①の役員退職金のための内部留保を支えるのが、事業保険の活用です。事業保険には、いまや多くの種類の商品があります。会社に利益が毎期出ている場合、役員報酬を増額してしまうと所得税等の負担が増えることになります。しかし事業保険を活用すれば、法人税課税の繰り延べを図りつつ、現経営者の退任に備えて積み立てることが可能です。通常、事業保険には、解約返戻金のピークが設定されるため、このピークに合わせて現経営者は退任して役員退職金を受け取りますが、この際にこの事業保険を解約して、支払いに充当することで、事業保険の解約益と役員退職金の損金を相殺するというタックスプランが主流でしょう。

③ 金融機関からの借入

特に現経営者の役員退職金は金額が多額になるため、上記のとおり事業保険で外部に資金積み立てを行ったり、金融機関に融資を相談したりと、事業承継後の運転資金等に影響を与えないよう、事前に資金調達方法の工夫が必要です。

また、ここでの実務上のポイントですが、株式評価上、役員退職金を支給する年度に保険解約益が生じると、退職金支給による株価引下げ効果が半減してしまうことになります。したがって、株価引下げ効果も1つの目的として役員退職金を支給する場合は、加入している保険の解約返戻率のピークにとらわれることなく、解約時期を前後の事業年度に行うことも検討することができます。例えば、現経営者は、代表取締役を退任して、相談役や代表権のない会長として社内に残ることにより、翌期に事業保険を解約するなどで株価対策を図るということも1つの有効な方法です。この際の役員退職金の原資として金融機関からの借入を利用するとよいでしょう。

3 資産の売却

　資産の売却といっても、会社所有の不要な資産を外部に売却するということも検討できますが、ここでは、会社が利用している不動産等の資産を現経営者が保有している場合に、会社が現経営者から買い取るケースや逆に会社が保有している資産を現経営者が買い取るケースなどを想定しています。

　前者の場合は、現経営者が保有している不動産がキャッシュに替わることから、非後継者に対する分配資金等としての活用が期待できます。また、後者の場合には、会社から現経営者が不動産を買い取ることで、家賃収入が定期的に入ってくる不動産を非後継者に残すということも分割の観点から考えられますし、土地について小規模宅地等の課税価格の特例②の観点からすれば、適用要件の確認は別途必要ですが特定同族会社事業用宅地等の対象となる可能性もあることから、相続税の観点からも有利となるケースが考えられるでしょう。

4 自己株式取得（金庫株）

　現経営者の相続時以外に金庫株の売却を実行してしまうと、みなし配当所得として総合課税となります。相続前に行うことは考えにくいのですが、相続税の申告期限後3年以内に金庫株を売却した場合にはみなし配当所得の特例の適用を受けることが可能となります。ただし、この時に会社に資金原資がないと実行することができません（また、配当可能利益の額が上限となり

---

　② 法人所有の土地が個人所有となることで、本特例が適用対象となり、一定期間後は相続税の減額が見込まれるほか、一定の事業法人に貸し付けられ、その法人の事業（貸付事業を除く）用の宅地等であれば、特定同族会社事業用宅地等に該当し、当該土地に対して400m²まで80％の減額が見込まれる可能性があります。

ます）。上記2の役員退職金と同様に、保険を活用する場合や金融機関から
の借入れによることも考えられるでしょう。ただし、他に何も対策なしに金
庫株に頼ることは、税負担や会社の財務が棄損してしまうことを考えるとお
すすめしません。やむを得ず、後継者の相続税の納税や非後継者への分配資
金として金庫株の売却と特例の利用を検討する場合には、事業保険や金融機
関からの借入も視野に入れて、相応の準備をしておく必要があります。

5　自社株承継にかかる資金負担

　現経営者から後継者への自社株の承継について、贈与又は譲渡（個人間又
は個人・法人間）により、誰に、どの負担額が生じるかが異なります（次表
参照）。

　贈与の場合は、後継者が贈与税を負担する必要があり、贈与額や暦年課税
贈与③又は相続時精算課税贈与なのかによりその負担額は変わってきます。
そのための資金調達をどうするのか準備を行わなければなりません。また、
譲渡の場合には、自社株の売買金額そのものの資金を準備する必要がありま
す。現経営者は、譲渡の対価で譲渡税等を支払えばよいのですが、後継者に
ついては、贈与の場合の贈与税又は売買の場合の資金調達額について、金融
機関や場合によっては、現経営者から借入を行って、毎年の役員報酬等で返
済していく必要があり、ここについて無理な返済計画になっていないかなど、
確認しながら進める必要があるでしょう。

---

③　贈与額について、受贈者1人当たり年間110万円までは非課税、これを
　超える場合には、10％〜55％の贈与税がかかります。

親族内承継における「贈与」と「譲渡」の判断ポイント

	後継者へ贈与	後継者へ譲渡	後継者法人へ譲渡
現経営者の対価（資金ニーズ）	受け取れない	受け取れる	受け取れる
後継者の資金調達（借入等）	原則不要（贈与税分は必要）	必要	必要
資金調達に対する返済方法	役員報酬　現金の贈与　配当金　等		配当金等
税金の種類	贈与税	所得税・住民税	所得税・住民税
遺留分	対象	対象外	対象外
メリット／デメリット	・現経営者から後継者へ無償で株式を移転できるが、贈与税が課税される。 ・現経営者に資金ニーズがある場合は適さない。	・現経営者は譲渡代金を受け取ることができる。 ・一方で、後継者はそのための資金を調達する必要がある。	・現経営者は譲渡代金を受け取ることができる一方で、後継者法人へはそのための資金を調達する必要がある。 ・個人間譲渡に比べて一般的に売買金額が大きくなる。

※いずれも適正金額による贈与、譲渡を前提

実例 ┃ 相続時精算課税制度の親の年齢要件

　ビルメンテナンス業を営むE社の現経営者から相談があった。会社の後継者である長男に対しては、事業承継で自社株を承継していく代わりに、海外

に住む長女には、現金を今渡したいとのことである。

　「2,500万円までであれば無税で渡せますよね？　海外に住む子供に対してでも大丈夫ですか？」と、相続時精算課税制度を利用したいとのこと。海外にいる、つまり非居住者でも適用可能な旨と同制度のメリット・デメリットを説明した。現経営者である贈与者の年齢を尋ねると、65歳以上（改正前、現法は60歳以上）になったということだったので、贈与を実行した。

　ところが翌年の贈与税の申告時においてチェックシートで確認したところ、親の年齢要件を満たしていないことがわかった。確かに相談を受けた時点（4月頃）においては65歳に達していたものの、贈与した年の1月1日時点においては64歳であったことが、戸籍謄本等の資料から判明した。

―――――――――――― 顛末によって ――――――――――――

　贈与者及び受贈者にきちんと説明のうえ、贈与を取り消し、金銭を戻して翌年実行した。このケースでは申告する前に気づいたからよかったものの、申告してしまっていた場合、取り消しが認められにくいので注意が必要である。

　相続時精算課税制度を実行する際は、相談の段階から国税庁のチェックシートを活用することをすすめたい。

金融機関との付き合い方 03

　金融機関とは、運転資金はもちろんのこと、必要に応じて事業承継のための必要な資金の融資を受ける、役員退職金等の資金原資となる保険に法人として加入するなど、すぐに相談に乗ってもらえるよう、日ごろの関係性を強化しておくことが望ましいでしょう。

　また、事業承継にあたって、これまで現経営者個人が保証人となって担ってきた金融機関との取引や関係構築の役割を、後継者へ引き継ぐことが必要になります。後継者の個人資産には限りがあることから、今後の取引が難航するおそれもあります。できれば現経営者との並走期間を設けて、その間に金融機関との信頼関係を維持、強化していく必要があるでしょう。

現経営者に会社への 04
貸付金がある場合の対応

　現経営者に会社宛ての貸付金がある場合、貸付金は現経営者の相続財産を構成するものになります。金融機関からの借り換えや必要に応じて借入金の資本組入れ（DES）などを行って、事前に解消しておくことが望ましいでしょう。

　ちなみに、デット・エクイティ・スワップ（通称：DES）とは、会社の債務を株式に転換する取引です。

　DESは企業オーナー向けの相続対策にも有効である可能性があります。オーナーが会社に資金の貸し付けなどを行っていたとしても、ほとんど回収は期待できないことが想定されます。しかし、相続が発生すると、基本的にはその債権金額が、そのまま相続税の課税価格に取り込まれてしまいます。事前にDESを行えば、相続税の課税対象が「債権」から「株式」へとシフトされ、相続税の課税価格が圧縮されるケースが考えられます。

　また、会社がDESを行えば、自己資本が増強されるとともに、過剰負債による金利負担が軽減され、財務内容を改善することができます。ただし、会社には債務消滅益が生じる可能性があるため、欠損金等がある場合を除いては注意を要します。

第 5 章

キャッシュプランを支える
事業承継計画

役員退職金のプランニング 01
が重要に

　本章では、キャッシュプランを叶えるための事業承継計画の具体的な内容を検討します。現経営者に資金ニーズがある場合と資金ニーズがない場合に大きく区分を行ったうえで、なおかつ、事業承継について、生活重視タイプ重視なのか、非後継者重視タイプなのか、事業重視タイプなのかという現経営者が望む方向性にも触れていきたいと思います。

　なお、事業承継税制の特例として相続税及び贈与税の納税猶予制度が拡充されたことにより、これを活用する対象会社が増えていることが想定されます。しかしながら、本特例は対価のない贈与を前提としています。よって、現経営者は資金を取得することができません。そうすると、現経営者の資産をつくるラストチャンスは、役員退職金の受給であるということになりますので、より役員退職金のプランニングが重要視されてくるでしょう。

　我々税理士としても役員退職金の支給に関するコンサルティング能力が問われることとなるため、特に役員退職金の支給に関する実務に関して、重点的に触れていきます。

現経営者に
資金ニーズがある場合 02
（生活重視タイプ）

　現経営者や配偶者の生活資金を確保したい場合（現経営者の生活重視タイプ）や、後継者以外の相続人にはキャッシュを分配したい場合（非後継者重視タイプ）には、いずれも事業承継のタイミングで現経営者にキャッシュを作り出す必要があり、資金ニーズがあるといえます。また、資金ニーズがまったくないとはいえないものの、極力、資金は会社に残して事業を重視（事業重視タイプ）したい現経営者もいます。

　これらはそれぞれ、キャッシュを作り出すタイミングや、そのための最適な資金化の手法・キャッシュプラン、遺留分に対する対応方法についても対策に違いが生じてきます。その中で、まずは、「生活重視タイプ」の場合において考えられる以下の資金化の対策方法について実務上のポイントを説明していきます。

〈資金化の方法〉
① 現経営者への（生前）役員退職金の支給
② 現経営者の保有する自社株の売買による承継
③ 現経営者の保有する事業用資産の法人（自社、関係会社等）への売買

1　生前における役員退職金の支給

　生活重視タイプの現経営者の資金化の方法として最も当てはまるのは、生前における役員退職金の支給でしょう。事業承継対策として欠かすことのできないもっともポピュラーでオーソドックスな方法です。社内外において会社の事業承継が明確であり、その金額も通常は多額に及ぶために、株価の引き下げ効果も大きく、代表者という地位と会社の議決権である自社株を後継者へバトンタッチするにあたっての千載一遇のチャンスであり、絶好のタイ

ミングといえます。また、役員退職金を受け取った現経営者にとっても税負担が少なく、その手取り額が相続税の納税資金対策にもなりえます。

　一方で、役員退職金の支給をする場合は、現経営者が経営の第一線から退く必要があります。税務調査により、実質的に退職していないと認められる場合や、退職はしているものの退職金額が過大であるとされた場合には、法人税等の増額はもとより、自社株の評価額が増額する場合（例えばすでに贈与等で後継者へ移転を行い贈与税の申告及び納税を済ませている場合であっても）、贈与税額の負担が増えてしまうことがあります。したがって、そもそも役員退職金を支給するタイミングが適切であるかも含め、実務を進めていくうえでは、慎重に行う必要があるといえます。

(1) 事業承継で役員退職金を活用するキャッシュプランの効果
① 自社株評価の引下げ効果
　役員退職金の支給においては、退職金を支給した年度の会社の利益の減少及び会社の純資産が減少し、財産評価基本通達に定める取引相場のない株式の評価方法である、「類似業種比準価額」及び「純資産価額」を大きく引き下げる効果が期待できます。

　また、現経営者の役員在籍期間が長いと、その支給する退職金額も高額となります。そこで、退職金の支給で自社株の評価が下がるタイミングで、例えば相続時精算課税制度を活用して後継者に自社株を贈与、あるいは、後継者が出資して設立した持株会社へ譲渡を行うと、少ない贈与税又は所得税等の税負担額で後継者へ自社株を移転することが実現可能となります。なお、株価の引き下げの効果は、役員退職金を支給した年度の翌年度1年間のみであるため、自社株の承継のタイミングを逃さないよう計画的に行う必要があります。

自社株承継のタイミング

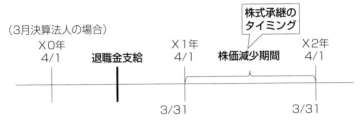

※　株式評価上の注意点
　　役員退職金支給の結果、株式評価上、「比準要素ゼロ（注1）」又は「比準要素1（注2）」の会社となり、類似業種比準価額が利用できない状況になることにより、評価として高い純資産価額の採用となってしまうことで自社株の評価額が上昇してしまう可能性があるため、充分にシミュレーションを行ったうえで、承継プランを行う必要があるので注意する必要があります。
（注1）　比準要素数ゼロの会社とは、類似業種比準価額方式を計算する場合の「1株当たりの配当金額」、「1株当たりの利益金額」、「1株当たりの純資産価額」のそれぞれの金額がいずれもゼロである会社をいい、該当する場合、純資産価額で評価されます。
（注2）　比準要素数1の会社とは、類似業種比準価額方式の計算の基となる、1株当たりの配当金額、1株当たりの利益金額、1株当たりの純資産価額のそれぞれの金額のうち、いずれか2要素がゼロであり、かつ、直前々期末においてもいずれか2要素以上がゼロである会社をいい、該当する場合、「（類似業種比準価額×0.25＋純資産価額×0.75）と純資産価額」とのいずれか低い方の金額で評価されます。

② 　相続税の納税資金確保

　役員退職金は、退職所得控除額や2分の1課税で計算がされることから、所得税や住民税の負担が少なく、現経営者の手元に多額の現金が残るため、これを将来の相続税の納税資金に充当することができ、相続税の納税資金対策にも繋がります。

退職所得の計算

(役員退職金－退職所得控除額$_{(注1)}$)×$\dfrac{1}{2}$＝退職所得の金額

退職所得の金額×税率（所得税・住民税）＝税負担額

(注1) 退職所得控除額

勤続年数20年以下　40万円×勤続年数

勤続年数20年超　　800万円＋{70万円×(勤続年数－20年)}

(注2) 役員任期が5年以下の場合は、2分の1を乗じることはできない

③　遺産分割資金の確保

役員退職金は、後継者以外の推定相続人に対する遺産分割の資金としても有効です。

通常、優良な会社であればあるほど自社株の評価額が高くなるため、現経営者の相続財産のうちの自社株の占める割合が高くなります。自社株は後継者に集中することが事業承継の成功のポイントであることは言うまでもありません。しかし、後継者に資産が集中してしまうことから、相続人が複数いる場合は結果として、後継者以外の相続人の遺留分を侵害してしまうケースがあります。この場合、民法上の「固定合意」や「除外合意」$_①$の制度を活用することが検討されますが、後継者以外の相続人には、別途現金で手当てすることで、後継者に自社株を集中することの理解が得やすくなります。

そこで、後継者以外の相続人に対して、自社株のかわりに役員退職金を支給する方法が考えられます。キャッシュで渡すことで公平感のある財産分与が可能となり、遺産分割資金の確保手段としても有効です。当然ながら、後継者にかかる相続税の納税資金を考慮することを忘れないようにします。

---

① 遺留分に関する民法の特例として、自社株について、遺留分の算定基礎財産から除外する「除外合意」と遺留分算定基礎財産に算入する価額を合意時の時価に固定する「固定合意」があります。

役員退職金を活用する場合のメリット・デメリット

メリット	デメリット
・後継者への承継を明確にして、経営者としての責任と自覚を芽生えさせることができる ・退職金は税負担が少なく、現経営者に多額の現金を残すことができるため、将来の相続税の納税資金確保や後継者以外の相続人に対する遺産分割資金を確保することができる ・利益の減少と純資産の減少により、株式評価額が引き下げられ、通常高く換金性のない自社株について後継者へ移転する千載一遇のチャンスである	・多額の資金調達が必要となる（解決策としては保険による積立及び金融機関からの借入金） ・退職金支給後、現経営者は、経営の第一線から退き、実質的にも代表者を譲らなければならない ・退職金支給後、現経営者の役員給与収入は大幅に減少させなければならない ・過大役員退職金とされた場合、法人税の損金算入が認められない可能性がある（法人税等の上昇と株価の上昇） ・株価評価引き下げの効果は原則1年間と期間が限られているため、退任の意思がない場合、自社株の承継が行われにくい（信託や種類株式の活用により現経営者の議決権については解決可能な部分がある）

④ 後継者への意識付けの確保

　現経営者の退職は、すなわち代表取締役の地位を後継者に移転することを自社内にも対外的にも明示することになります。退職に伴う現経営者への退職金支給は、後継者へのバトンタッチを明確にするとともに、後継者に経営者としての自覚と責任を芽生えさせることができます。

（2）役員退職金の要支給額

① 役員退職金の適正額

　法人税で損金に算入できる退職金は、役員が業務に従事した期間、退職の事情、自社と類似規模・同種事業を営む会社の役員に対する役員退職金の支給の状況等を勘案して決めますが、退職金支給額の具体的な算定方式の代表的なものに、「功績倍率方式」があります。

功績倍率方式

役員退職金＝最終月額報酬×役員の在籍年数×功績倍率（1〜3倍(注)）

（注）　功績倍率はおおむね1〜3倍の範囲で役職（社長・専務・常務など）ごとに役員
　　　退職金規程等で規定する。

　ところで、この役員退職金の適正額についてですが、過大であると認められる場合には、当然ながら法人税の損金として扱われません。しかし、この適正額があることで役員退職金の支給額が制限されてしまう面があります。その結果、本来もっと多額な資金を受け取りたいという現経営者のニーズがあるのにもかかわらず制限されてしまうこともあります。

　法人税の損金として取り扱わないながらも、前述のとおり、役員退職金は、退職所得控除や2分の1課税で計算がされることから、所得税・住民税は軽減されていることから受け取る現経営者にとっての手取額としては得になります。当然、その分の相続財産も増えることから、相続税とのバランスを考えて支給し、会社の資金繰りについても検討する必要があります。生活資金や納税資金の確保や後継者以外への財産分与ということを考慮して、役員退職金の適正額にとらわれない受け取り方についてもシミュレーション（現経営者の税負担額・手取額や法人税の軽減額等）することで、ワンランク上の役員退職金のコンサルティングが可能となるのではないかと考えています。

② 役員退職慰労金規程の制定

役員退職金については、役員の退職に備えて、事前に役員退職慰労金規程[2]を作成し、計算の根拠を明確にし、その規程に従って支給額を決めるのが一般的です。

しかしながら、規程を作成すると、他の取締役等の将来の役員退職金支給額へも影響を与えます。現経営者の役員退職金を支給することのみを想定して規程を設けることには、他の取締役等にも同様の水準での支給を期待させてしまう危険性があるので注意したいところです。この場合、特に現経営者が創業者である場合や大きく業績に貢献した場合の支給額と、他の取締役の支給額との差別化をどのようにするべきかがポイントです。

③ 役員退職金の原資（資金調達）

会社に十分な余剰資金が蓄積されている場合はよいのですが、特に現経営者の役員退職金は金額が大きくなります。前もって保険で外部に資金積み立てを行ったり、金融機関に融資を相談したりと、運転資金等に影響を与えないよう、事前に資金調達方法の工夫が必要です。

また、株式評価上、役員退職金を支給する同年度に保険解約益が生じると、退職金支給による株価引下げ効果が半減してしまうことになります。したがって、株価引下げ効果を目的として対策を実行する場合は、加入している保険の解約返戻率のピークも視野に入れつつ、影響度合によっては、解約時期を前後の事業年度に行うことなどが有効です（保険解約益に対する法人税等ついては、別途対策が必要）。なお、分掌変更で、現経営者が代表取締役を退任した後に、相談役や代表権のない会長等で会社に残る場合には、保険契約の解約を翌年度以降に行うことで対応が可能となります。この点は、実務上のポイントとして押さえておきたいところです。

---

[2] 取締役及び監査役等の役員が退任した際に、生前退職であれば当該役員、死亡退職であれば当該役員の遺族に対して支給する役員退職慰労金について制定するものです。

④ 役員退職金の支給と株式承継の流れと主な手続き

　a）現経営者の退任と役員退職金の支給

　【手続き等】

　　・従前に役員退職慰労金規程の制定（取締役会等の決議）

　　・株主総会の決議（支給額、方法等について取締役会に一任を含む）

　　・取締役会の決議（規程に基づいた支給額の決議）

　b）後継者の代表取締役就任

　【手続き等】

　　・株主総会の決議（取締役選任、取締役の報酬額承認）

　　・取締役会の決議（新代表取締役の選任、取締役の報酬額承認）

　c）株式の移転（贈与・譲渡・信託等）

　【手続き等】

　　・退職金を支給した年度の翌年度1年以内

　　・贈与の場合、受贈者である後継者に贈与税

　　・譲渡の場合、譲渡した現経営者に譲渡所得税

⑤ 自社株の承継

　前述のとおり、役員退職金支給後の株価の引下げ効果は、翌年度以降も通常の所得が生じている限り、原則として支給した年度の翌年度1年間となります。そのため、自社株の承継について早期に行う必要があります。ここでは役員退職金支給後に効果的な、自社株の主な承継方法について説明します。

　イ　相続時精算課税制度による贈与

　　相続時精算課税制度は、60歳以上（但し、贈与する年の1月1日現在における年齢）の親から、18歳以上（同上）の子又は孫への贈与が対象です。同制度により贈与した自社株は将来の現経営者の相続の際、相続税の課税価格に持ち戻されて課税価格に算入されることとなりますが、算入される価額は贈与時の価額であるため、役員退職金の支給後、値上がりする自社株の移転について効果的な制度です。また、同制度により行った贈与につ

いては、現経営者の相続の際に、現経営者から相続人が相続により取得した自社株とみなされることから、金庫株特例の対象となります。みなし配当課税ではなく譲渡所得課税となるため、後継者の相続税納税資金や非後継者への分配資金としても活用が見込まれるため、キャッシュプランとしても上手に活用したいところです。

ロ　贈与税の納税猶予制度の活用

　　生前に一定の要件③を満たした上で、現経営者から後継者へ自社株の一括贈与を行うと、課税価格の全額に対応する贈与税額が猶予されます。将来、オーナーに相続があった際に相続税の納税猶予制度に切り替えることができますが、その際、対象株式についてオーナーから後継者に相続があったものとみなして、贈与時の評価額で相続税が課税されることになります。そのため、この納税猶予制度の適用を検討する場合、役員退職金で株式評価引き下げを行った後に贈与税の納税猶予制度を適用するのが効果的です。

ハ　信託・種類株式の活用

　　役員退職金支給後のように、株価が低いタイミングで後継者に自社株を引き継ぐことが、経済合理性がある、絶好のタイミングとなります。しかし、経営権を与えた後継者が暴走してしまうこともあります。実際、筆者のところには、それを気にして、自社株についてはまだ譲りたくないという相談が多く寄せられます。この場合は、信託や種類株式等を活用して、株主としての経営権を現経営者に留保する方法も考えられます。

⑥　会社の財務上の影響

　　現経営者に対する役員退職金の支給額は通常多額となるため、財務上の

---

③　事業承継税制（相続税・贈与税の納税猶予制度）には、猶予の適用を受けるために、経営承継円滑化法を中心に、現経営者の要件、後継者の要件、対象会社の要件が定められています。詳細については各法律等をご確認ください。

影響として、利益の大幅減少や赤字が生じる可能性があります。金融機関等の目が気になるところですが、事前に相談することで比較的理解が得られやすくなり、通常は一過性のものと判断されます。

事例	役員退職金支給による自社株評価への影響

・A社（大会社）の現経営者が退任（役員在籍年数40年）
・資本金等の額：1,000万円、発行済株式数：200,000株（現経営者が100％所有）
・申告所得（退職金支給前）：1億円
・現経営者社長の退任に伴う役員退職金支給額：1億円
・貸借対照表（退職金支給前）

資産 （相続税評価額）	10億円 （12億円）	負債	7億円
		純資産	3億円（5億円）

・退職金支給前の数値

数値項目	類似業種	評価会社（A社）
株価	1,000円	1,029円
1株当たりの年配当金額	10円	5円
1株当たりの年利益金額	300円	500円
1株当たりの純資産価額	800円	1,500円

・1億円の役員退職金支給後、かつ、無配とした場合

数値項目	類似業種	評価会社（A社）
株価	1,000円	210円
1株当たりの年配当金額	10円	2.5円
1株当たりの年利益金額	300円	0円
1株当たりの純資産価額	800円	1,000円

(影響) ··

(A) 類似業種比準価額の計算式（1株当たりの評価額）

(役員退職金支給前)

$$1,000円 \times \frac{\dfrac{5}{10} + \dfrac{500}{300} + \dfrac{1,500}{800}}{3} \times 0.7 ※ = 938円$$

(役員退職金支給後)

$$1,000円 \times \frac{\dfrac{2.5}{10} + \dfrac{0}{300} + \dfrac{1,000}{800}}{3} \times 0.7 ※ = 350円$$

※退職金支給前、支給後ともに大会社を前提

(B) 純資産価額の計算式（1株当たりの評価額）

(退職金支給前)

　｛(12億円－7億円)－(12億円－10億円)×37%｝／200,000株

　＝2,130円

(退職金支給後)

　｛(12億円－退職金1億円－7億円)－(12億円－10億円)×37%｝

　／200,000株

　＝1,630円

【対策の効果】　※大会社（類似業種比準価額）を前提とする場合

	支給前	支給後	効果
1株当たり評価額 （類似業種比準価額）	938円	350円	△588円
評価総額	187,600千円	70,000千円	△117,600千円

⇒例えば、株価が下がったタイミングで後継者に贈与又は譲渡

(C) 現経営者の手取り額の計算（役員在籍年数40年）

(a) 退職所得

{100,000千円 − （700千円 × （40年 − 20年）＋ 8,000千円）} × 1／2
＝39,000千円

(b) 所得税額（及び復興特別所得税）

・39,000千円 × 40％ − 2,796千円 ＝ 12,804千円

・12,804千円 × 102.1％（復興特別所得税）＝ 13,072千円

(c) 住民税額（市町村民税及び道府県民税）

・市町村民税

39,000千円 × 6％ ＝ 2,340千円

・道府県民税

39,000千円 × 4％ ＝ 1,560千円

(d) 税金合計（(b)＋(c)）　16,972千円

(e) 差引手取額　83,028千円

実例 1　役員退職金支給後に無予告の税務調査

　出版業を営むオーナー創業者で代表取締役会長の父は、80歳を超えていた。長男を代表取締役社長にしてはいたものの、保有する自社株の大半については、決断がつかず、承継を先延ばしにしていた。

　その間に年々株価は上昇。今期いよいよ代表者を退く決断をして、本人は代表権のない会長へ。役員退職金を支給して株価の引き下げを図り、翌期に自社株の承継を行うことになった。

　ところが、先延ばしした結果、過去の利益はさらに純資産に蓄積。これに加え、税制改正により、自社株の評価方法が変わった。引き下げ効果が薄れ、早くに移転しておけばよかったとオーナー一族は後悔していたところだった。

　あわせて、退職金支給を引き金に、退職の事実の確認を伴う無予告の税務調査対応にも迫られた。税務調査のための準備はしていたが、無予告で入ることは想定していなかった。

───── 顛末によって ─────

　調査では後継者である社長のパソコンの中を見られ、役員退職金支給にかかわる議事録等の書類がバックデートで作成されたものでないかなどを中心に確認された。きちんと作成していたため、問題視されることはなく、役員退職金自体は認められ、事業承継に影響を及ぼすことはなかった。

　あらためて、高額な役員退職金支給後においては、入念な税務調査対応の準備が必要と感じた事例である。

　本件は、事業承継税制を適用して、自社株の承継は無事に完了している。

2　現経営者の保有する自社株の売買による承継

　現経営者に資金ニーズがある場合には、自社株を売買④により資金化することも1つの方法です。

　売買といっても、親族内承継を前提とする場合は、外部へのM&Aなどではなく、後継者又は後継者が設立する会社（持株会社）等への売買です。

　特に、後継者の子供に自社株を承継させたいが後継者以外にも子供がいて、自社株の評価額が現経営者の個人資産の大部分を占めているといったケースでは、後継者以外の相続人に対する遺留分が問題になるケースが多くあります。前述した役員退職金の支給だけでは資金として不足する場合には、換金性のない自社株を適正な価格で売買して資金化することにより、遺留分等に対して対応することが可能になります。

　一方で、売買のためには、後継者側に資金が必要であることから、そのための資金調達ができるかどうかと、資金調達ができたとしてもその後の返済を含めたキャッシュプランが組めるかどうかがポイントでしょう。

3　現経営者の保有する事業用資産の法人（自社、関係会社等）への売買

　現経営者が会社に対して、自社が使用する事務所や店舗、工場などの不動産等を賃貸している場合には、自社又は関係会社に当該不動産を売却することで、資金化することが可能です。その資金を生活資金や納税資金、遺産分割の分配資金等に充当することができます。なお、移転に伴い現経営者に譲

---

④　自社株を売買する場合、当事者間の契約の他、非公開会社の場合、自社株に譲渡制限が付されている場合が多く、会社法上の譲渡承認手続きが別途必要となります。

渡所得税等、会社側に不動産取得税、登録免許税等の移転コストが生じます。

　また、現経営者の相続財産としては、不動産の相続税評価（貸家及び貸家建付地評価や特定同族会社事業用宅地等の対象地）であったものが、不動産は時価で売買する必要があることから、譲渡対価である現金に代わり相続税評価額が上昇する可能性があるため、注意したいところです。さらに会社側にとっては、資金調達が必要となるため、運転資金など資金繰りに影響がないかどうかも検証する必要が出てきます。

　現経営者が不動産を自社に賃貸することで、安定収入が得られ生活資金等に充当ができ、その安定収入がある物件を後継者以外の配偶者や子どもに残して安定収入を取得させるという考え方もあります。

　余談ですが、逆のケースで、会社が所有して使用している不動産等を、現経営者が余剰資金で買い取る、又は役員退職金として不動産自体を受け取る（現物支給）というケースも想定できます。相続対策（不動産の相続税評価と時価との乖離の利用、及び貸家建付地評価と（要件の確認は必要となりますが）特定同族会社事業用宅地等の小規模宅地等の特例による減額等の利用）や安定的な収入確保を目的とするものです。そのため、現経営者の意向や全体最適を考えて対応するべきでしょう。

事業用資産を売買する場合のメリット・デメリット

メリット	デメリット
・現経営者の資産のキャッシュ化（流動化）ができるため資金ニーズがある場合に有効	・不動産の現金化により相続税評価額が上昇する可能性がある ・会社側に資金調達が必要である（会社の資金繰りに影響） ・譲渡所得税等や不動産の移転コスト（登録免許税、不動産取得税等）が生じる ・安定収入がなくなる

現経営者に資金ニーズがある場合（非後継者重視タイプ） 03

　ここでは、後継者以外の配偶者や子供に対しての公平性を重視する、「非後継者重視タイプ」の現経営者の事業承継プランニングについて説明していきます。

　前項の「現経営者の生活重視タイプ」の事業承継プランニングが、主に現経営者の生前にキャッシュを作り出す必要があったのに対して、「非後継者重視タイプ」のプランニングは、生前のみならず、相続後においてもキャッシュを作り出す機会が求められるという点で大きく異なります。

　ただし、相続が起きてからでは、キャッシュ面で資金が不足してしまうことも想定されるため、そのための準備はあらかじめ行っておく必要があるでしょう。

　後継者へは自社株を集中して承継させるが、公平性を重視し、後継者以外の配偶者や子供などの家族に対してキャッシュを分配する「非後継者重視タイプ」のための資金化の方法としては、生前及び相続後において以下のような方法が考えられます。

〈資金化の方法〉
① 現経営者への（生前）役員退職金の支給（前項で説明）
② 死亡役員退職金の支給
③ 現経営者の保有する自社株の売買による承継（今回補足）
④ 現経営者の保有する事業用資産の法人（自社、関係会社等）への売買（前項で説明）
⑤ 相続後の自己株式（金庫株）
⑥ 議決権制限株式

　なお、上記に列挙したもののうち、①及び④は、前項の生活重視タイプと同様の方法です。ここでは、②死亡役員退職金の支給、⑤相続後の自己株式

の活用（金庫株）、⑥譲渡制限株式の活用について説明したうえで、前項でも簡単に記載した③の「現経営者の保持する自社株の売買による承継」について、詳述していきます。

1　死亡役員退職金の支給

（1）事業承継で死亡役員退職金支給を活用する

　死亡役員退職金では、現経営者が生前中は現役のまま退任せずに高齢となって相続が発生するというケースや、または病気や事故などで急逝してしまうケースなどが想定されます。現経営者が生前に承継計画に基づいて代表者を退任し、生前における役員退職金の支給を受けるケースとは対照的です。

　会社としては、このような臨時的な支出に備えて、死亡役員退職金の原資を準備しておくことが一般的でしょう。なお、この死亡役員退職金は、みなし相続財産として相続税の課税対象となります。

　また、この死亡役員退職金は、前述のとおり、現経営者の相続後に、その相続人が受け取る資金として、相続税の納税資金のほか、遺産分割の分配資金等にも活用が可能です。

（2）相続税の対象となる退職手当金等の範囲

　相続財産としてみなされる退職手当金等は、被相続人の死亡により取得する被相続人に支給されるべきであった退職手当金・功労金であり、死亡後3年以内に支給額が確定したものをいいます。

（3）死亡退職金等の受取人

　一般的には、この死亡役員退職金の受取人については、就業規則や退職金規程などに定められた者に支給され、受取人固有の財産であるため、原則として、相続財産とはならず遺産分割の対象とはなりません。したがって、あ

えて役員退職手当金等の受取人について規程等で定めておくことは、遺産分配の観点からキャッシュプランを考えるうえで重要になってくるでしょう。

また、規程等がなく受取人に関する定めがない場合、会社の株主総会等の決議により、例えば配偶者など、会社が実際に支給した者が受取人となります。

ここで、非後継者重視タイプの事業承継の観点からいえば、例えば、死亡役員退職金等の受取人を後継者にして、他の相続人に対しては、遺言等で後継者から後継者が取得した相続財産の範囲内で代償金を支払うなどを明記しておくことで、遺留分を踏まえたうえでの遺産分配の公平性を保つことが可能となります。また、死亡役員退職金等の受取人を定めずに、相続財産として遺言書で公平に分ける旨の記載をすることもできるので、様々なキャッシュプランにあわせて検討ができるのではないかと考えられます。

なお、相続税法基本通達3－25において、退職手当金の支給を受けた者の取扱いについて、以下のように定められているので参考にしていただきたいと思います。

（退職手当金の支給を受けた者）

3－25　法第3条第1項第2号の被相続人に支給されるべきであった退職手当金等の支給を受けた者とは、次に掲げる場合の区分に応じ、それぞれ次に掲げる者をいうものとする。

　⑴　退職給与規程その他これに準ずるもの（以下3－25において「退職給与規程等」という。）の定めによりその支給を受ける者が具体的に定められている場合　当該退職給与規程等により支給を受けることとなる者

　⑵　退職給与規程等により支給を受ける者が具体的に定められていない場合又は当該被相続人が退職給与規程等の適用を受けない者である場合

イ　相続税の申告書を提出する時又は国税通則法（昭和37年法律第66号。以下「通則法」という。）第24条から第26条までの規定による更正（以下「更正」という。）若しくは決定（以下「決定」という。）をする時までに当該被相続人に係る退職手当金等を現実に取得した者があるとき　その取得した者

ロ　相続人全員の協議により当該被相続人に係る退職手当金等の支給を受ける者を定めたとき　その定められた者

ハ　イ及びロ以外のとき　その被相続人に係る相続人の全員

（注）　この場合には、各相続人は、当該被相続人に係る退職手当金等を各人均等に取得したものとして取り扱うものとする。

(4)　役員退職慰労金規程の整備

　役員退職金規程の整備については、死亡役員退職金の支給においても生前の役員退職金と同様に、役員の退職に備えて事前にきちんと規程を整備しておき、計算根拠を明確にしておくことが望ましく、またこれが一般的でもあります。一方で、他の取締役の役員退職金支給額についても影響を与えることから、その点も踏まえたうえで、慎重に検討すべき事項です。

(5)　役員退職金の支給額

　死亡役員退職金の支給額についても一般的な目安としては、生前の役員退職金と同様、功績倍率方式によるケースが多いです。

(6)　死亡役員退職金の原資

　法人が契約者となる保険契約を活用することで、死亡退職金の原資を確保することが一般的です。特に、会社の業績が好調で、毎期の所得及び法人税の負担が高額である場合には、法人で支払った生命保険契約の保険料の一定

金額を損金計上することができれば、あわせて法人税等の税効果が期待できます。

　また、納税資金や遺産分割の分配資金が不足する場合には、必要に応じて金融機関からの借入により資金調達を行います。役員退職金の原資を増やすことで、相続税の納税及び遺産分割を円滑に行うことができるのであれば、検討すべきでしょう。

(7) 退職手当金の非課税枠

　相続税の計算上、死亡保険金の非課税枠（500万円×法定相続人の数）とは別に、死亡退職金についての非課税枠（500万円×法定相続人の数）の適用を受けることが可能です。なお、通常、死亡保険金については、個人契約で「生命保険料控除」のみの適用になります。なお、さきほどお話ししたように、死亡退職金の原資のため法人契約で支払った生命保険契約の保険料は、一定金額を法人の損金に計上することができるなど、税効果が期待できます。

(8) 自社株の評価への影響

　役員退職金として死亡退職金を支給した場合には、自社株の評価上、直前期の数値を採用する類似業種比準価額には影響を与えません。しかし、原則として課税時期における数値を採用する純資産価額の計算上では、死亡退職金相当額は負債として計上することとなります。よって、上記（7）の非課税枠とあわせて相続税の計算上、有利となる可能性があります。上記（6）の原資の検討も含め、あらかじめ準備をしておくと、いざというときに円滑に進めることができるでしょう。

(9) 弔慰金の支給と非課税について

　死亡役員退職金のほか会社から弔慰金が支払われる場合には、下記の金額までは非課税となります。なお、弔慰金の非課税限度額を超える金額は、死

亡退職金とみなされ相続税の対象になります。

・業務上の死亡の場合……月額普通給与（賞与を除く）の36か月
・業務外の死亡の場合……月額普通給与（賞与を除く）の6か月

2　現経営者の保有する自社株の売買による承継

　1でも概要は触れましたが、補足としてあらためて述べていきます。

(1)　事業承継で自社株の売買を活用するキャッシュプランの効果

　現経営者に資金ニーズがある場合には、自社株を売買により資金化する方法があります。後継者への自社株の承継を、納税猶予を含めた贈与ではなく後継者又は後継者が設立する会社等に売却することによって行うものです。
　後継者の子供に自社株を承継させたいが、後継者以外にも子供がいて、自社株の評価額が現経営者の個人資産の大部分を占めているといったケースでは、後継者以外の相続人に対する遺留分が問題になるケースが多くあります。その補填として役員退職金の支給だけでは足りない場合には、換金性のない自社株を現金化することにより、遺留分等に対応することが可能です。一方で売買のためには、後継者側に資金が必要であることから、そのための資金調達ができるかどうかと、資金調達ができたとしてもその後の返済を含めたキャッシュプランが組めるかどうかがポイントでしょう。また、株価が低い時期を選んで、自社株を移転することで、税負担を抑えることが可能です。

(2)　自社株の売買の方法

①　個人間売買

　後継者個人が、現経営者から相続税評価額をベースにした売買金額により、

自社株を買い取る方法です。後継者個人が資金調達を行う必要があるため少々ハードルが高いといえます。資金調達の方法としては、金融機関から融資を受ける方法のほか、自社又は関係会社からの借入を行う場合や現経営者から借り入れる場合もあるでしょう。

　問題となるのは返済原資です。事業承継で現経営者から代表者を引き継いだ場合は、会社への貢献に応じてではありますが、その責任の範囲内で役員報酬の増額や会社からの配当、必要に応じて、遺留分も考慮して他の推定相続人へも含めた現経営者からの贈与を受ける場合もあるでしょう。いずれにせよ返済計画に基づいて、これらを資金原資として返済していくこととなります。自社株の売買金額が高額となる場合には、現実的でないケースもあるため、きちんと返済計画まで含めたシミュレーション⑤を行う必要があるでしょう。

　また、一方で、譲渡を行う現経営者に対しても、株式の譲渡所得税⑥等が課税されます。

②　個人・法人間売買（持株会社への売却）

　後継者が出資して、全株式を所有する会社（持株会社）を新規設立し、現経営者が所有する自社株を時価で持株会社に譲渡する方法です。持株会社は、金融機関からの借入（規模感によってはファンドからの資金調達の検討も要する）などの資金調達を行い現経営者から自社株を購入し、持株会社は、子会社から配当等（原則、受取配当等の益金不算入が適用）により、借入金等

---

⑤　特に役員報酬を増額させる場合や会社からの配当を返済原資とする場合、最高税率となる可能性が高いことや、社会保険料も上がってしまうことから、半分以上が所得税や社会保険料としてかかるため、手取額で返済できるかどうか検証が必要です。特に社会保険料は会社負担分も増加します。また、役員報酬を大幅に上げ、高額過ぎる場合は、損金算入が否認されるリスクも含めて検証しなければなりません。

⑥　株式の譲渡所得については、譲渡益に対して、所得税15％、住民税5％の計20％に、これに復興特別所得税を加えて20.315％となります。オーナー経営者の売買の場合、売却した金額の約2割が税金で約8割が手取額と説明します。

を返済するという持株会社スキームです。

一般的には、法人税法上の時価により売買を行うため、相続税評価額をベースとする個人間売買と比べ、売買金額が高額となります。したがってその分、資金調達額も増えることになります。また、個人間売買と同様に、譲渡を行う現経営者に対しても株式の譲渡所得税等が課税されるため、売買金額が大きくなる分、税負担額も大きくなる傾向にあり、また、同様の観点から現経営者の相続財産が増える可能性があることにも留意したいところです。

また、持株会社スキームの場合は、副次的な効果として持株会社の純資産価額方式の計算上において、保有する資産（子会社株式等）の時価が取得価額を上回る場合の値上がり益に対して、法人税相当額の37％の控除が認められています。そのため、将来の株価上昇を抑制することができるので、次世代の自社株対策においても有効であるといえます。

3　相続後の自己株式（金庫株）の活用

(1) 事業承継で自己株式（金庫株）を活用する

相続により取得した自社株を自社に金庫株として譲渡することで、相続税の納税資金を効率的に調達することが可能です。

なお、金庫株の譲渡は、原則的には、譲渡対価が資本金等の額を超える部分については、みなし配当課税となります。しかし、相続により取得した自社株を金庫株として譲渡した場合で、下記①の要件を満たすときは、みなし配当課税の特例として譲渡所得課税が適用されます。

また、これに加えて、相続税の取得費加算の特例との併用も可能であるため、さらなる税負担の軽減も期待することができるので、事業承継で相続税の納税資金や遺産分割の分配資金を確保することが可能であるスキームであるといえます。したがって、会社にキャッシュが潤沢である場合など金庫株スキームの実行可能性が高い会社にとっては、事業承継の出口戦略としてこ

の金庫株が活用されます。

　また、遺産分割への活用の仕方ですが、後継者に自社株を相続させる代わりに、その代償として後継者が、金庫株により実行会社から売買代金を取得したうえで、その代金を後継者以外の相続人に代償金を支払うことにすると公平な分割が可能となります。ただし、この場合、遺産分割協議で決まるとは限らないため、現経営者が生前に「自社株は後継者に相続させ、その代償金として後継者以外の相続人に代償金を支払う」旨の遺言書を作成することは必須でしょう。

　なお、代償分割の場合、後述する「相続税の取得費加算の特例」の適用において不利となるため注意を要します。したがって、他の方法として、後継者の議決権行使に影響を与えない範囲内で（例えば後継者の3分の2以上を確保させたうえで）、自社株の一部を後継者以外の相続人に分割して渡し、後継者以外の相続人が相続した自社株については自社で金庫株として買い取るという方法もあります。対価を後継者以外の相続人が取得することができるため、代償分割の代替手段として活用できるのではないかと考えられます。

　また、相続時精算課税制度による贈与についてもみなし配当課税の特例の対象となることから、株価の低い時期に同制度により後継者にあらかじめ移転しておき、現経営者に相続が起きた際に自己株式の取得（金庫株）を活用して、納税資金や分配資金を確保するということも一つの対策方法です。

　一方で、例えば他の少数株主がいる場合などには、この金庫株による取引金額が少数株主に把握（株主平等の原則）されてしまい、高額での買取りを要求されるリスクもあるので、その点も留意しながら検討する必要があるため注意したいところです。さらにいえば、この金庫株は議決権がないため、結果として他の株主の議決権割合が上昇してしまうことも懸念リスクとして押さえておく必要があるでしょう。

　会社に資金が潤沢にある会社では、現経営者や後継者が、事業承継対策を行わずともこの自己株式（金庫株）を活用すれば問題ないと考えていること

もあります。しかし上記のような懸念も踏まえて対応する必要があるので、あくまでこの自己株式（金庫株）の活用については、最終手段として考えておいた方がよいでしょう。

① みなし配当課税の特例の要件

・相続または遺贈により財産を取得した者であること
・株式を譲渡した者に納付する相続税があること
・相続税の課税価格の計算の基礎に算入された株式を譲渡すること
・相続税の申告期限後3年以内に譲渡すること

なお、重複しますが相続税の課税価格の計算に算入された株式を譲渡することが要件となるため、生前に相続時精算課税制度により贈与を受けて課税価格に算入されている株式も、みなし配当課税の特例の対象となる点は押さえておきたいところです。

② 相続税の取得費加算の特例

相続財産を相続税の申告期限後3年以内に譲渡した場合には、譲渡所得の計算上、取得費に譲渡した資産に対応する相続税額が加算され、譲渡所得税の負担を軽減することができます。

ただし、前述したように、代償分割があった場合、以下の算式Bが取得費加算の算式Aの分母となるため、結果として加算される取得費が少なくなり、税負担が増加するため注意が必要です。

〔算式A〕

$$
ⓒ\text{その者の相続税額} \times \frac{Ⓐ\begin{bmatrix}\text{その者の相続税の課税価格の計算の基礎}\\ \text{とされたその譲渡した財産の価額}\end{bmatrix}}{Ⓑ[\text{その者の相続税の課税価格（債務控除前）}]} = \text{取得費に加算する相続税額}
$$

〔算式B〕

$$
\text{譲渡財産の相続税評価額} - \text{支払代償金} \times \frac{[\text{譲渡財産の相続税評価額}]}{\begin{bmatrix}\text{相続税の課税価格}\\ \text{（債務控除前）}\end{bmatrix} + \text{支払代償金}} = \text{取得費に加算する相続税額}
$$

(2) 自己株式（金庫株）の譲渡価額と財務への影響

　通常は、現経営者一族が金庫株を行う場合には、持株会社スキームと同様に、個人・法人間取引となり、原則として法人税法上の時価での取引となります。つまり、法人にとっては法人税法上の時価相当額でのキャッシュアウトとなり、その分財務が毀損するため、運転資金等に影響を与えないよう注意する必要があります。

(3) 資金調達

　自己株式の資金調達については、やはり、法人が契約者となる保険契約の活用や内部留保が高く収益性も高いものの流動性資産が少ない法人の場合には、借入による資金調達も検討する必要があります。

(4) 自己株式買い取りの手続き
① 会社法上の手続き

　相続により取得した株式を発行会社へ譲渡する場合、一般的な会社法上の手続きは以下のとおりです。

　〇株主総会の特別決議（特定の株主から買受けをする場合）で、次の事項を決める必要があります（取締役会決議に一任することも可能）。

　　・取得する株式数

　　・交付する金銭等の内容と総額

　　・株式を取得することができる期間（1年を超えることはできない）

　　・譲渡人となる株主

　〇自己株式の取得（金庫株）を行う場合、分配可能額（≒利益剰余金）を超える買取りはできないという財源規制があるため注意が必要です。

　〇株主平等の原則により、特定の株主から自己株式の買受けを決議する場合、買取りの対象に自己を加えることを請求することができます。したがって外部の少数株主がいる場合には注意が必要です。

② みなし配当課税の特例の適用を受ける場合の税務上の手続き

みなし配当課税の特例の適用を受ける譲渡を行った個人は、株式の譲渡日までに発行会社に対し、発行会社は譲受日の翌年の1月31日までに発行会社の所轄税務署長に対し、それぞれ一定の届出書の提出を行う必要があります。この届出書は、「相続財産に係る非上場株式をその発行会社に譲渡した場合のみなし配当課税の特例に関する届出書」（以下「届出書」という）というものです。

なお、譲渡人である個人が発行会社に届出書を提出した時点で所轄税務署長へ提出があったものとみなされています。この届出書を失念した場合は、特例の適用を受けることができないので注意する必要があります。

4 議決権制限株式の活用

後継者以外の相続人に対する公平性の観点から、自社株の一部を配当優先無議決権株式₇（議決権はないものの優先して配当が支払われる株式）等の種類株式にするという方法もあります。この場合、議決権のある普通株式については後継者に取得させ、配当優先無議決権株式は、後継者以外に相続させることになります。後継者以外の相続人に対しては配当を優先的に受け取らせることで、公平性を確保した分割を実現することが可能です。検討すべき手法のひとつとして挙げておきたいと思います。

---

⑦　剰余金の配当について、他の種類の株式と異なる定めをした株式をいいます。他の種類の株式に優先して配当をもらえる株式を「配当優先株式」といい、他の種類の株式に後れてしか配当をもらえない株式を「配当劣後株式」といいます。

現経営者に
資金ニーズがない場合
（事業重視タイプ）

04

　ここでは、現経営者にほとんど資金ニーズがない場合の事業承継プランについて説明します。現経営者自身の生活は犠牲にして、会社に捧げてきた創設者あるいは創業者に多いタイプであり、自身の生活などよりも会社の発展や運転資金、設備資金確保を重視するため、現経営者個人は最低限、生活できるだけの資金確保ができればよいという経営者です。

　しかしあくまで、現経営者自身が資金確保の必要性を感じていないということにすぎず、実際には、相続税の納税資金のほか、円滑な事業承継・資産承継のための遺産分割に伴う分配資産の確保は必要になってきます。

　これを放っておくと、現経営者の相続の際に、結局は相当の資金を会社が負担することになります。会社がキャッシュアウトせざるを得ない状況に陥る恐れがあることについても十分に理解してもらったうえで、プランニングを検討していく必要があるでしょう。

1　自社株の承継（移転）方法

　現経営者に資金ニーズがないということは、通常、自社株については資金化を求めず、後継者等へ移転の対価を要しないため、無償での移転、すなわち贈与による移転が主となります。これに自社株評価額の比較的低いタイミングを見計らい、事業承継税制（特例措置）を活用するケースもあるでしょう。

　後継者への贈与での移転は、後継者以外に子供がいないケースであれば基本的には問題ありません。しかし無償であることから、後継者以外にも子供がいる場合には、遺留分への対応を検討する必要があります。後継者以外の子供には遺留分を放棄等してもらえるのであれば望ましいですが、民法上で兄弟平等とされている以上、簡単には合意してもらえないケースの方が多いでしょう。したがって、贈与による自社株の移転とあわせて遺留分対策も対応する必要があります。

> 〈「事業重視タイプ」の移転方法〉
> ① 生前贈与を活用した事業承継
> ② 相続税・贈与税の納税猶予制度の活用（①とセット）

（1）生前贈与を活用した事業承継

① 生前贈与の方法

　生前贈与については、もはや記載するまでもないと思いますが、「暦年課税制度」と「相続時精算課税制度」の2種類があります。

　生前贈与は、特別受益として遺留分減殺請求の対象となるため、後継者以外の子供に対しては、他の財産を手当てするなどの配慮が必要です。ところが、自社株はその評価額が高いため、現経営者が保有する金融資産や不動産等の財産だけでは必ずしも後継者以外の子供の遺留分を確保できないケースが想定されます。繰り返しになりますが、民法の特例を活用するなど、後述する遺留分対策をあわせて行う必要があります。

イ　暦年課税制度による移転

　受贈者1人あたり年間110万円まで非課税となる制度ですが、事業承継を考えた場合には、評価額が高い自社株を一括で贈与する場合は、最高で55％の贈与税率が想定されるため、一般的には不向きであるといえます。一方で、後継者が（長男であるなど）早々に決まっており、毎年一定額を贈与しつつ、業績が悪い時などの自社株評価が下がったタイミングでは贈与する株数を増やすなどして、時間をかけてゆっくり計画的に自社株を移転していくことが可能である場合には、有効です。

　ただ、「とりあえず」ということで、後継者以外の子供や孫も含めて、複数の者に自社株の贈与を行っている会社も見受けられます。たしかに110万円の非課税枠がその人数分利用できるほか、1人当たりの金額が低くなり贈与税率が抑えられることから、贈与税の負担額としては有利に働くこ

とが多くあります。これが現金の贈与であれば有効でしょう。しかし、事業承継においては後継者への自社株の集約を優先する必要があるため、これに反して非後継者にも相当数の自社株が渡ってしまうという状況に陥ってしまいます。

　このように後継者が決まっていない中で、とりあえず相続税対策として非後継者も含めた子供に分散してしまうと、後々、後継者の議決権行使や自社株の買い集めに苦労するケースが多いので、やみくもに税金対策として親族にばらまくことは避けたいものです。

　また、後述する相続時精算課税制度とは異なり、相続開始前3年以内（令和5年度税制改正大綱によると、令和6年1月1日以後の贈与については、「相続開始前7年以内」となります）の贈与について相続財産へ加算することを除いては、現経営者の相続財産からは切り離すことができます。株価対策によって、評価がある程度抑えられるのであれば、後継者が負担する贈与税を勘案のうえ、思い切って暦年課税制度を活用することもありえます。

　また、贈与の方法として、当該株価対策を行った決算の及ぶ期間内に暦年単位で2度に分けて贈与を行うと贈与税の負担を抑えることが可能な場合もあります。例えば3月決算の会社であれば、当該決算期の属する年の4月から12月までの間に1回目の贈与を行い翌年の1月から3月までに2回目の贈与を行うことで、結果として、贈与税の負担を抑えることが可能な場合もあります（下図参照）。ただし、年・月が変わることで類似業種の株価の要素が大きく変動する場合もあるので注意したいところです。

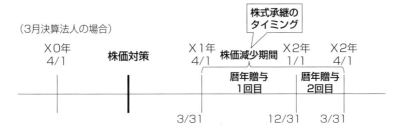

暦年課税贈与を活用した贈与のタイミング（3月決算の場合）

（3月決算法人の場合）

株式承継のタイミング

X0年 4/1 ── 株価対策 ── X1年 4/1 ── 株価減少期間 ── X2年 1/1 ── X2年 4/1

3/31　　　　12/31　　3/31

暦年贈与1回目　暦年贈与2回目

ロ　相続時精算課税制度による移転

　事業承継を考えた場合、将来値上がりが予想される自社株については、相続時精算課税制度を活用すると、税金上の効果が大きく得られるケースがあります。また、退職金支給後など株価が下がったところで後継者に同制度による贈与を行えばより有効であることは周知のところです。

　後継者の贈与税の負担についても2,500万円まで非課税であり、これを超える場合には贈与税率20％の贈与税負担となります。さらに、現経営者の相続時に贈与時の価額で相続財産に持ち戻されて相続税が計算されます（支払った贈与税があれば控除されます）。したがって現経営者の相続時には、わかりやすくいうと現経営者の相続税率と贈与税率20％との差額を納める必要があります。一方で後継者の努力により、贈与の時よりも自社株の評価額が上がっていたとしても贈与時の価額で相続財産とされるため、後継者にとっても納得がいく制度となっています。

　また、これまでに何度か述べたように、同制度による贈与は、相続により現経営者から取得した非上場株式を発行会社に譲渡した場合の課税の特例（以下、「金庫株特例」）の対象となります。よって、後継者が自己株式として自社に売却して資金化したとしても、みなし配当課税ではなく譲渡所得課税となるため負担が抑えられ、相続時に精算される予定の差額分の

納税、及び非後継者に対する遺産分割の分配資金として有効に活用することができます。

実務上の注意点としては、年齢要件があることです。贈与者である親の年齢は60歳以上であり、受贈者である子供の年齢は18歳以上です。例えば、現経営者との会話の中で、現経営者から「自分は60歳になったから、今年贈与をしたい」という話があったとしましょう。よく確認せずその年のうちに贈与をして申告すると、実は要件を満たしていないことになり暦年課税による贈与税が課されてしまう、といったことが起きます。

年齢要件としては、贈与した年の1月1日現在で60歳以上であり、贈与した時の年齢が60歳ということを鵜呑みにして精算課税制度による贈与をしてしまうと、高額な贈与税負担となってしまうので注意したいところです。また子供の年齢要件も同様の扱いであるため、年齢については必ずチェックすべき項目です。既に申告をした後だと、贈与の錯誤とは認められない事例もあるので注意が必要です。

また、令和5年度税制改正大綱によると、令和6年1月1日以後に相続時精算課税制度で受けた贈与について、暦年課税の基礎控除とは別途、課税価格から基礎控除110万円を控除することができます。

相続時精算課税制度の選択後は110万円の基礎控除を利用することができないことがデメリットの一つであったため、より使い勝手が良くなったと言えるのではないかと考えます。

なお、暦年課税制度と相続時精算課税制度のどちらが有利かについては、現経営者の将来の相続税の試算をきちんとしたうえで、納税者に示して判断してもらう必要があります。

② 贈与税相当額の資金手当て

贈与であるとはいえ、後継者は、贈与税相当額の資金を準備しなくてはなりません。後継者にあらかじめ支払えるだけの蓄えがあれば問題ありませんが、事業承継をした後に代表者として高所得を得る機会はあっても、承継時

点で、多額の資金を持ち合わせているケースは少ないのではないでしょうか。したがって、通常は資金調達を要します。

　資金調達方法及びその返済等の原資の手当てとしては、以下のような方法が挙げられます。前述のとおり、相続時精算課税制度による移転を行っている場合には、金庫株特例が適用されます。現経営者の相続時に、贈与を受けていた自社株を発行会社に売却することで、譲渡所得課税の負担だけで後継者に譲渡対価が入ります。その譲渡対価で相続時点で残っている借入を一気に返済する、というような計画も立てることができます。

〈資金調達方法〉
・自社又は関係会社からの借入
・現経営者等（親族）からの借入
・金融機関からの借入
〈資金調達（借入の場合）に対する返済原資〉
・役員報酬・配当
・現経営者等（親族）からの現金贈与
・現経営者の相続後の金庫株

---

(2) 相続税・贈与税の納税猶予制度の活用

　制度の詳細はここでは割愛しますが、適用要件を満たしてこれを活用することができれば、納税が猶予され、現経営者から後継者への自社株にかかる相続税及び贈与税は、最終的には免除となり実質的にかからないことになります（適用後も要件を満たす必要がありますが）。

　ところが、これをもって事業承継対策は不要であると思い込んでいる現経営者や後継者が多いようです。確かに自社株にかかる相続税及び贈与税は猶予されることとなります。後継者以外にも子供がいる場合の遺留分の問題や

1代目から2代目までの承継は、納税猶予でいいでしょう。しかし、2代目から3代目への承継をする際に納税猶予を継続するかどうか、さらに、納税猶予が取り消された場合のリスクなどもきちんと納税者に説明したうえで、適用するかどうか判断してもらう必要があります。

　また、納税猶予制度の適用を受ける場合でも、株価が高いと他の財産にかかる相続税が高額になります。したがって、株価対策は必要ないということはなく、株価対策を行ったうえで納税猶予の適用を受けた方が、相続税の計算上は有利となります（下図参照）。

　事業重視タイプの現経営者は、この納税猶予制度を活用すれば、相続税や贈与税はかからないのだから、対策は必要ないと思い込んでいるケースが想定されます。また、現経営者の退任に伴う役員退職金についても、会社の運

納税猶予制度と相続税の関係

〈前提条件〉
　・現経営者の遺産総額10億円（自社株5億円、その他5億円）
　　→自社株対策後は7億円（自社株2億円、その他5億円）
　・法定相続人：子供2人（後継者長男と次男）
　・取得財産：後継者長男は自社株（納税猶予適用）、次男は自社株以外全て取得

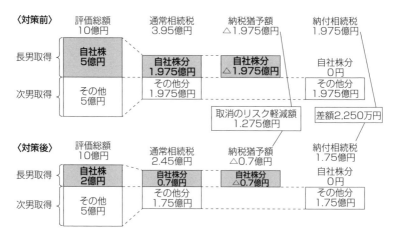

転資金のことを考え、受け取らないという現経営者もいるでしょう。しかし、将来の相続税の納税資金や遺産分割の分配資金を確保する必要があるうえ、役員退職金を支給し株価が低下した後に後継者に贈与することで、結果として相続税の負担も軽減されるわけです。そのことはきちんと説明し、適切な認識を持ってもらったうえで承継対策を検討していく必要があるでしょう。

2 非後継者の遺留分に対する対応

〈非後継者の遺留分に対する対応〉
① 遺留分放棄と遺言の活用
② 民法特例の活用
③ 種類株式の活用
④ 代償分割の活用

(1) 遺留分事前放棄と遺言（又は生前贈与）の活用

民法上、現経営者の推定相続人が、現経営者の生前に遺留分を放棄[8]してもらうことより、事業承継における遺留分の問題については対応が可能です。しかし、遺留分を放棄するためには、各推定相続人に理解してもらうことはもちろん、各推定相続人が自身で家庭裁判所に申し立てをして許可を受けなければならず、そのハードル及び負担が大きいことや家庭裁判所の判断も入ってくることから、実際上は利用しにくいともいえます。

後継者以外の推定相続人は遺留分を放棄するので、それ相当の自社株以外の財産が取得できるよう手当てする必要があります。取得させる具体的方法としては、きちんと遺言で定めておくことや、当該資産を生前に贈与してお

---

[8] 遺留分を有する相続人は、相続の開始前（被相続人の生存中）に、家庭裁判所の許可を得て、あらかじめ遺留分を放棄することができます。

くこともひとつの方法です。相続税や贈与税の負担額もふまえたうえで、検討する必要があるでしょう。

（2）民法特例の活用

　贈与や納税猶予制度とあわせて行いたい対策として、経営承継円滑化法に規定する遺留分に関する民法の特例の活用です。これを活用すると、後継者を含めた現経営者の推定相続人全員の合意の上で、「除外合意」、又は「固定合意」（又は両方を組み合わせることも可能）を行うことで、遺留分の問題を解消することができます。

　なお、実務上は、「固定合意」における合意時の時価について、「弁護士、弁護士法人、公認会計士（公認会計士法16条の2第5項に規定する外国公認会計士を含む）、監査法人、税理士又は税理士法人がその時における相当な価額として証明したものに限る」とされています。その証明方法として、「経営承継法における非上場株式等評価ガイドライン」に従った一定の基準はあるものの、この時価の考え方については様々であることから、実務上は、できれば「除外合意」を選択するべきであると考えられます。

　前述のように、推定相続人全員の合意を要することから、ハードルは高いとも言えます。しかし、後継者が進めるのではなく、現経営者が元気なうちにきちんと説明をすることで説得力をもたせ、関係者にとって納得のいくように進めていく必要があるでしょう。

①　除外合意

　除外合意とは、遺留分の基礎財産から自社株が除かれる制度であり、後継者が現経営者から贈与によって取得した自社株について、他の相続人は遺留分の主張ができず、相続に伴って自社株の分散防止を図ることが可能です。

②　固定合意

　固定合意とは、遺留分算定基礎財産に算入する価額を合意時の時価に固定する制度です。後継者が現経営者から贈与によって取得した自社株の合意時

からの上昇分について、他の相続人は遺留分の主張ができません。除外合意ほどではありませんが、相続に伴って自社株の分散防止を図ることが可能です。

③　民法特例を受けるための主な要件（手続き）

民法特例を受けるためには、次のすべてを満たし、現経営者の「推定相続人全員の合意」を得て、「経済産業大臣の確認」及び「家庭裁判所の許可」を受ける必要があります。

イ　会社の要件
- 中小企業者であること
- 合意時点において3年以上継続して事業を行っている非上場企業であること

ロ　現経営者の要件
- 過去又は合意時点において会社の代表者であること

ハ　後継者の要件
- 合意時点において会社の代表者であり、議決権の過半数を有していないこと
- 現経営者からの贈与等で株式を取得したことにより、会社の議決権の過半数を保有していること

遺留分に関する民法の特例の手続き

合意 → 1か月以内に申請（後継者が単独） → 経済産業大臣の確認 → 1か月以内に申立て（後継者が単独） → 家庭裁判所の許可 → 合意の効力発生

（3）種類株式（配当優先無議決権株式）の活用

　自社株の評価が非常に高い場合において後継者に贈与するときに、現経営者の自社株以外の資産だけでは、後継者以外の子供の遺留分を確保できないケースが多々あります。この場合には、後継者に対しては有議決権株式を取得させて議決権を確保させるとともに、後継者以外の子供に対しては、自社株以外の資産のほか、配当優先無議決権株式を取得させることで、議決権がない代わりに配当を優先的に受けることができるため、不満を抑えながら、後継者以外の子供の遺留分への対応が可能となります。

　なお、種類株式に関して注意点があります。結果として後継者の議決権を制限するような形となると、前述の納税猶予制度の適用ができない場合があるのです。例えば、後継者への自社株移転後も現経営者に影響力を残すことを想定して、黄金株などを発行する場合がこれに当たりますので、気をつけたいところです。

（4）代償分割の活用

　自社株を後継者に集中させる場合の、後継者以外の推定相続人に対する遺留分への対応のひとつとして、後継者が自社株を取得する代わりに、後継者以外の推定相続人に対しては、後継者から代償金を支払うこととする代償分割⑨を行うことも有効です。この場合には、きちんと遺言でその旨を記載しておくことと、後継者には代償金となる資金を準備しておく必要があります。

　資金の準備方法としては、相続後の金庫株の活用や会社からの死亡退職金

---

⑨　代償分割とは、遺産の分割に当たって共同相続人などのうちの1人又は数人に相続財産を現物で取得させ、その現物を取得した人が他の共同相続人などに対して債務を負担するもので現物分割が困難な場合に行われる方法です。事業承継においては、自社株について後継者が取得する代わりに、後継者以外に対して、後継者から後継者以外の相続人に代償金を支払う方法が考えられますが、その原資として、後継者に対して保険金の受取人にしておくことや相続した自社株を利用してその対価で支払うことなどが考えられます。

の受取人として後継者が受け取れるよう、予め規程などを整備しておきましょう。また、金庫株や死亡退職金の原資として、会社契約の生命保険を活用したり、現経営者の個人契約の死亡保険金の受取人を後継者に指定して代償金に充てたりと、入念な準備が必要です。

　そのほか、相続関係の民法が改正されて、遺留分の算定について、原則として相続開始前の10年間に限定するという見直しが行われました。これにより事業承継における自社株の後継者への早期の移転がより図られ、遺留分の対応の実務がまた変わってくることが想定されます。

第 6 章

事業承継計画を
補完するスキーム
―遺言・種類株式・信託―

補完的に活用する
各種制度 01

　本章では、事業承継計画を実現するために補完的に必要なスキームについて説明します。

　例えば、事業承継プランニングの最中に現経営者に相続が発生してしまう可能性を考慮すると、予め遺言を作成して、自社株については後継者が確実に取得ができるようにしておく必要があります。加えて、後継者以外の推定相続人に自社株以外の不動産や資金を残すといった場合にもまた、遺言での手当てが必要でしょう。

　また、自社株は、株価の低いタイミングで後継者に渡して事業承継を行いたい一方で、現時点ですべてを後継者に任せるのは不安であるといったケースでは、種類株式や信託などを活用して、現経営者に議決権を残すということも可能です。

事業承継対策と資産承継対策をセットで考える 02

　事業承継対策というと、現経営者から後継者への実際の経営面の引継は別として、後継者への自社株の承継というところだけに目が行きがちです。しかし、後継者以外の推定相続人等の遺留分等の問題などをクリアして、後継者以外の家族への承継がスムーズにいかないと、事業承継がうまくいかないこともありえます。また、自社株にかかる相続税、贈与税の税負担のみを考慮しても、現経営者が他に不動産や金融資産を多く所有している場合には、その対策も検討しなければ片手落ちとなってしまう可能性があるでしょう。

　したがって、事業承継対策と資産承継対策は両輪で行う必要があると考えています。そのためには、遺言や種類株式、信託といったようなスキームを組み合わせて検討する必要があります。

遺言は必ず事業承継と
セットで考える 03

　事業承継において、生前における承継が済んでいないケースや、一定の期間を設けたうえで承継期間中といった場合に、あわせて行っていきたい対策としては、まずは遺言の作成でしょう。相続はいつ起こるかわからないといったところの最大のリスクを回避することができる方法がこの遺言であるからです。

1　会社オーナーほど遺言が必要

　事業承継が近づいている現経営者に限らず、相続というものはいつ発生するかわかりません。現経営者の所有する自社株や事業用資産について、後継者に対して、生前に贈与や譲渡等で承継しきれていない場合には、その間に現経営者に相続が起こる可能性があります。これを想定して、会社の経営権である自社株や事業用資産を後継者へ集中させるために、遺言が必要です。

　自社株は、遺産分割が未分割である場合、「準共有」の状態となります。この場合、議決権の行使について、株式の共有持分の過半数をもって相続人の中から権利を行使する代表者を定めて会社に通知しなければならないなどの制限があります。相続人間に意見が対立するようなことがあれば、議決権を行使することができずに、会社運営に支障をきたすことになります。また、最悪のケースとして、例えば、後継者である三人兄弟の長男が、次男・三男と対立して、代表取締役を解任されるといったケースも想定されます。

　これを避けるためには、事業承継対策を行いながら、遺言で遺産分配の方向性を定めておくことが非常に重要であるといえます。

2 納税猶予制度を適用する場合

　納税猶予制度が緩和（特例措置）され、納税猶予制度の適用を考えている現経営者及び後継者は増加しています。このように、将来、相続税の納税猶予制度の活用を考えている場合も遺言の重要性を理解しなければなりません。

　例えば、納税猶予制度を受けるために、「特例承継計画」は提出しているものの、後継者へ自社株を贈与するタイミングとしては、まだ先と考えていたとしましょう。特例承継期間にタイミングを見て、贈与を行い、贈与税の納税猶予の適用をすることを考えているわけです。しかし、現経営者に急遽相続が発生してしまうことも考えられます。

　後継者としては、当然のように相続税の納税猶予を適用するつもりでいたにもかかわらず、遺言がない場合はどうなるでしょうか。自社株の相続について、相続人間で遺産分割協議がまとまらない場合には、筆頭株主要件等を満たさなくなり、相続税の納税猶予の適用を受けることができない、といったことにもなりかねないのです。

　このように将来、相続税の納税猶予の検討はしているもののすぐに贈与税の納税猶予制度の適用を受けない場合には、注意して対応する必要があるでしょう。贈与税の納税猶予制度の適用を「数年先に…」と考えている場合は、その間の現経営者の急な相続を想定して、少なくとも後継者が自社株を相続できるよう遺言を作成しておくべきでしょう。

3 遺言の種類

　遺言の種類は、公正証書遺言、自筆証書遺言、秘密証書遺言の3種類がありますが、実務的には、以下の公正証書遺言と自筆証書遺言の方式が使用されています。

(1) 公正証書遺言

遺言の内容を、公証人が公正証書として作成するものであり、原本が公証人役場に保管がされるため、比較的安全で確実な遺言です。

(2) 自筆証書遺言

遺言者が全文を自筆で遺言書を書くものであり、公証人や証人を必要としないため簡便ですが、不備がある場合は、遺言が無効になってしまうことがあります。

また、自筆証書遺言は、相続開始後に家庭裁判所の検認を受けることが必要です。

なお、相続財産の目録を添付する場合にはその目録について自署が不要であるほか、自筆証書遺言に係る遺言書の保管制度があります。法務局に保管を申請することにより安全性は確保されています。

4　遺産分割協議との関係

遺言がある場合であっても、相続人間全員で遺産分割協議が成立すれば、遺言どおり分けなくても遺産分割を行うことも可能です（遺言により財産を取得する者の中に相続人以外の者がいる場合は、その者の合意が必要です）。

遺言には全財産の行き先を定めることが望ましいのですが、少なくとも自社株は後継者に相続させるよう遺言で定めておきたいところです。

種類株式等の活用 04

　種類株式の種類としては多々ありますが、事業承継の実務において、比較的、活用するケースが多い種類株式及び属人的株式の活用方法についてお話しします。

1 議決権制限株式（配当優先無議決権株式）

　後継者以外の相続人に対する公平性を実現したいときに活用できます。配当優先無議決権株式は、議決権を制限する替わりに、優先して配当が支払われるよう設定するものです。例えば、自社株の一部について、配当優先無議決権株式に転換等したうえで、議決権のある普通株式については後継者が取得し、配当優先無議決権株式については後継者以外に相続させることが可能です。

　また、会社が福利厚生目的で従業員持株会を設立する場合には、従業員持株会が保有する株式についても同様に、（配当優先）無議決権株式にするとよいでしょう。安定株主とみなして普通株式のままにしておく場合もありますが、株主が増えることにより会社の経営に支障をきたす恐れがあるため、万一に備えておきたいところです。

2 取得条項付株式

　取得条項付株式については、一定の事由が生じた場合に、株主の同意を得ることなく、会社が強制的にその株主から株式を買い取ることができる株式をいいます。ただし、会社に剰余金の分配可能額①がない場合には、会社は株式を買い取ることができません。

　なお、会社が強制的に買取りをできる一定の事由については、事前に定款

---

① 会社法上、株主に対して交付する金銭の帳簿価額の総額は、剰余金の分配可能額を超えての配当は禁止されています（会社法461）。

で定めておく必要があります。株式取得の対価についても、現金、他の種類の株式、社債、新株予約権など、事前に定款で定めておくことになります。

　例えば、後継者に自社株を承継した後に、経営者として相応しくないことが判明した場合や、後継者が敵対して他の者に自社株を売り渡そうとした場合などに、会社が設定した金額で強制的に買い取ることが可能です。

3　拒否権付種類株式（黄金株）

　拒否権付株式[2]、いわゆる黄金株とは、取締役会の決議事項、又は株主総会の決議事項について、この株式を所有する株主の承認を得てはじめて可決する株式をいいます。

　会社の意思決定等について、後継者や取締役会等に一任し、万一、誤った方向に進みそうになったときに、「NO」と言える権利です。なお、拒否権については、会社の状況によってどのように現経営者に拒否権を持たせるか検討する必要がありますが、次のいずれかの形で持たせることが可能です。

① 株主総会の決議事項について持たせる。
② 取締役会の決議事項について持たせる。
③ 取締役会及び株主総会の決議事項の両方に持たせる。
④ 取締役会、株主総会の決議事項のうち、特定の決議事項について持たせる。

　一方で、拒否権を持たせる場合、決議事項の都度、拒否権付株式の種類株式総会を開かなければならず、会社の意思決定の機動性に欠ける場合があります。

　また、黄金株は、会社運営上ほぼすべての決議に対してNOを言える非常

---

② 正確には、拒否権付種類株式をいい、いわゆる黄金株と呼ばれています。取締役会の決議事項、又は株主総会の決議事項について、この株式を所有する株主の承認を得てはじめて可決される株式をいいます。

に強力な株式です。現経営者が現役で黄金株を所有し続ける間はよいのですが、現経営者以外の第三者に黄金株の実質的な権利が移行してしまう場合は、リスクが高いので即座に黄金株を回収する必要があります。さらに、最終決定力を保有する株式となるため、例えば健康状態によって現経営者の判断が仰げない状況になった場合は、黄金株を回収しないと、経営が立ち行かなくなってしまう恐れがあります。したがって、以下のような場合、会社が取得できるよう取得条項の内容を定めておくことが望ましいでしょう。

① 黄金株を譲渡しようとしたとき
② 黄金株を質入れしようとしたとき
③ 黄金株の株主が死亡したとき、もしくは執務に重大な支障をきたすような健康状態になったとき

4　属人的株式

　属人的株式は、種類株式とは異なり、株式にではなく、人に応じて、所有する株式に権利が付与され、または、制限がかかります。

　本来、議決権を持たせたい人に、株式数に関わらず議決権を付与でき、その他、役職等により、議決権を付与したり、制限したりすることができるので、柔軟な資本政策が可能となります。

　属人的株式は、人に帰属する株式であるため、自社株は相続しても、議決権は相続しないのが特徴です。

　活用方法としては、後継者への自社株移転後も現経営者主導で株主総会の決議事項を決定していく場合に、現経営者の株式に複数議決権を付与することができます。ただし、現経営者に複数議決権を付与していた場合、社長の急逝により、突然、議決権の力関係が変わるので、黄金株と同様、依存しすぎに注意する必要があります。また、現経営者の死亡の際は属人的株式は現経営者限りであるため、相続等することはありませんが、執務に重大な支障

をきたす健康状態になったときは、会社が取得できるような条項を定めてお
いたほうがよいでしょう。

事業承継で活用できる 信託スキーム　05

　事業承継で活用できる信託のスキームについて、ここでは、家族間で行われる民事信託を前提に述べます。会社や家族の状況などによっては、信託銀行等の信託会社が行う「商事信託」を活用したほうが望ましいケースもあるので、信託を活用する際は、比較検討しましょう。

1　遺言代用信託

(1)　遺言代用信託とは

　遺言代用信託とは、文字通り、「遺言」の代わり（代用）になる信託契約③であり、遺言と同様の効果を得るための信託契約です。つまり、信託契約の中で受益者が亡くなったら、他の者が受益権を取得すると決めたものです。

　これにはまず、特定の者に相続させたい財産について、自分を委託者兼受益者（第一受益者）、信頼できる者を受託者とする自益信託を設定します。そして、自分が死亡した時には、その特定の者が受益権を取得し受益者（第二受益者）となる旨の内容としておくことで遺言の代わり（代用）が可能となります。

　例えば、高齢者が自らの身体能力や判断能力の低下する事態に備え、死後の財産の利用や分配の方法を生前に定めておくために、その財産を信頼できる子などに信託するというケースです。また、親が亡くなった後の障害を持つ子の支援としても活用されます。

---

③　信託には、財産を託する人である「委託者」、財産を託される人である「受託者」、託された財産から生じた成果の給付を受ける「受益者」の3人の当事者が登場します。信託契約は、「委託者」が、財産を信頼できる人又は法人（受託者）に預けて、預ける目的に従って管理してもらうことをいいます。

（2）事業承継への活用（自益信託＋指図権）

①　信託スキーム

　遺言代用信託の事業承継（自社株）における活用ですが、まず、自社株について、生前のうちにオーナー自らを受益者とする自益信託を設定します。そしてオーナーが死亡した時には、後継者がその受益権を取得することを取り決めておくことで、遺言の代用となります。この時、受託者を誰にするかがポイントですが、自社株の信託の受託者としては、「信頼できる者」が望ましいかたちになります。

　しかし、実際はこの信頼できる者の選定が難しい、あるいは存在しないために信託の実行が困難になることも想定されます。この適当な人が思い当たらない場合は、信託会社等に依頼することもひとつですし、後継者を受託者とすることも可能です。ただし、このままだと後継者に議決権が生じてしまうことになるため、まだ教育が十分ではない状況下の場合は、必要に応じて議決権行使の指図権は委託者であるオーナーに残すことでオーナーが引き続き議決権をコントロールすることが可能です。

　そして、オーナーが死亡したら後継者が残余財産受益者と取り決めておきます。これによりオーナーが死亡した際は、後継者が受益権を確実に引き継ぐことで遺言の効果を得つつ、後継者も遺言のようにオーナーが勝手に後継者の了承なしに撤回ができるものではないので、自社株の承継に安心し、業務に邁進することが期待できます。

　一方、デメリットとしては、あくまで遺言同様の効果を得るために後継者に確実に自社株を残すことが目的であることから生前に自社株を移転するものではありません。したがって、会社の業績が良ければ、自社株の評価が増額して、将来のオーナーの相続発生時には、多額の相続税が課せられる可能性があるので、後述する生前贈与の代用として自己信託を活用するなどの対策も並行して考える必要があります。

遺言代用としての信託の流れ

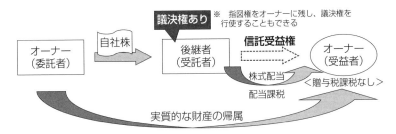

② 信託スキームのポイント

イ　オーナーが委託者として自社株を信託し後継者が受託者となり、かつ、オーナーを受益者とすることで、贈与税課税がなく信託契約をすることができます。オーナーに万一のことがあった際に信託契約を終了させ、後継者に相続させることができます。

ロ　オーナーが万一の時に信託を終了させずに信託受益権を一旦、配偶者に取得させることも可能です。その後に配偶者が万一の際に、後継者に信託受益権を相続させることもできます。(受益者連続型信託)。

ハ　株式に係る議決権行使の指図権をオーナーに留保することで、オーナーが議決権行使することもできます。

　なお、指図権とは信託財産の管理または処分に関して受託者に対し指図を行う権利のことをいいます。この場合、受託者については信頼できる者を選定する必要があります。

2　自己信託（生前贈与の代用）の活用

(1) 自己信託とは

　通常、信託の設定により、財産の名義は委託者から受託者に移転しますが、

委託者＝受託者である自己信託であれば財産の所有者自らが財産の管理を行うことができます。

　この自己信託は、以下のような通常の生前贈与における不安を解消することができます。

① 子供に財産の管理能力がない場合

　自分で自分に対して信託するため、財産をコントロールすることができます。

② 子・孫に知らせずに信託（贈与）したい場合

　信託行為等で、「受益者（子・孫）に通知しない」旨を規定しておくことで、子・孫に知らせずに贈与することができます。贈与では受贈者の受託が必要ですが、信託では受益者への通知は必ずしも必要とされていません。

（2）事業承継への活用

① 信託スキーム（生前贈与の代用）

　自己信託の事業承継スキームへの活用場面としては、株価が下がったタイミングで自社株を後継者に移転したいが、議決権はまだオーナー自身でコントロールしたいという場合が考えられます。

自己信託の仕組み

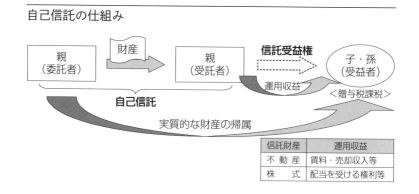

信託財産	運用収益
不 動 産	賃料・売却収入等
株　　式	配当を受ける権利等

生前贈与の代用として、オーナー自身が委託者兼受託者となり、後継者が受益者となることで、受益者である後継者は配当金等を受け取る権利はあるものの議決権はなく無議決権株式を持つような形となります。一方で、自社株の名義人はオーナーのままとなり、オーナー自身が議決権を行使することができます。

　また、自己信託については、委託者＝受託者であるため、契約当事者は1名となり、契約書は作成不可となることから、公正証書の作成により設定が可能となることも簡便と言えます。

　注意したいのは、後継者を受益者とすることから、実質的な財産権の帰属が後継者となり、信託設定時点において、後継者に贈与税が課税されます。

　したがって、株価が下がったタイミングあるいは株価対策を行ったうえで行うことが望ましいでしょう。

　また、信託設定時に贈与税課税がされているため、信託設定が例えば以下の事項に該当しない限りは相続税の課税はありません。

　イ　相続開始前3年以内の暦年贈与

　ロ　相続時精算課税制度による贈与

　なお、信託終了時に信託契約を終了させ、後継者が自社株の名義人となるよう、信託行為等で規定しておくことになります。

自社株における生前贈与代用としての自己信託の場合

(3) 信託スキームのポイント

イ　オーナーが委託者として自社株を信託し自らが受託者となり、かつ、後継者を受益者とすることで、オーナーが議決権を維持しつつ、実質的な財産の帰属を後継者とすることができます（この時点で、後継者に贈与税が課税されることに注意が必要です）。

ロ　オーナーに万一があった場合に信託契約を終了させ、後継者が自社株の名義人となるよう設定しておくことができます。

ハ　信託設定時に贈与税が課税されているため、原則として相続税の課税は生じない。

　　ただし、信託設定が相続開始前3年以内の贈与にあたる場合や相続時精算課税制度による贈与の場合には、相続税の計算に足し戻して相続税が計算されます。

(4) 指図権を留保する方法

　議決権をオーナーに残したまま自社株を生前贈与の代用をする方法として、自己信託の他に、上記1の遺言代用信託でも記述した議決権行使の指図権をオーナーに留保するという方法があります。ただし、後継者は既に受益者であるため、受託者について信頼できる個人・法人を決定する必要があるため、慎重に行う必要があります。

生前贈与代用信託で指図権を保留する方法

3 生前贈与と自益信託の組み合わせ

(1) 信託スキーム

　株価が低いタイミングで自社株を後継者に移転したい。しかし、議決権はまだオーナーがコントロールしたいという場合には、上記の自己信託でも叶えることができますが、生前贈与と自益信託を組み合わせる方法でも実現が可能です。

　具体的には、オーナーが後継者に対して自社株を贈与します。その後、後継者を委託者兼受益者、オーナーを受託者とする自益信託を設定します。この生前贈与と自益信託を同時に行うことで、前オーナーが議決権をコントロールすることができるとともに、その後は後継者の成長度合いに応じて信託期間を例えば10年間として設け、10年経過後は議決権を後継者に譲るなどの設定をすることも可能です。

　自己信託と比べて、同時に行うとはいえ、2つの契約行為が行われることとなるので多少手続きが煩雑であり、何よりもオーナーと後継者の信頼関係

生前贈与と自益信託の組み合わせスキーム

＜1　生前贈与＞

＜2　自益信託＞

のもと行われる必要があります。

　また、信託契約においても2人以上であるため、公正証書による設定はできず、信託契約が必須になってきます。

　なお、このスキームでは、委託者と受益者が同一であることから、「信託に関する受益者別調書」、「信託に関する受益者別調書合計表」の提出の必要がないので、それらの手間を省略することができます。

(2) 信託スキームのポイント

　イ　株価が低いタイミングで自社株を後継者に生前贈与します。

　ロ　その後、後継者が委託者兼受益者、前オーナーが受託者とする自益信託を設定します。

　ハ　受託者を前オーナーとすることで議決権をコントロールすることができます。

4　種類株式との比較検討の必要性

　この信託と種類株式とは実行前に比較検討する必要があるでしょう。信託は、委託者と受託者の契約で実行が可能です。一方で種類株式においては、議決権に制限を加えるような議決権制限株式や拒否権付種類株式（黄金株）を発行する場合、定款変更に伴い株主総会の決議が必要であるうえ、既発行株式を転換等する場合には、株主平等の原則の観点から、全株主の同意が必要です。

　そのため、種類株式では、反対する親族や従業員等の少数株主がいる場合には、ある程度の議決権シェアがあっても、全株主の同意まではこぎ着けられず実現が難しいこともあります。現経営者と現経営者に同意する親族等で100％の議決権を所有しているケースでは問題ありませんが、そのあたりを説明した上で選択することになります。

第 7 章

事業承継における
組織再編の活用と
後継者がいない場合の対応
―MBO・M&A―

組織再編とMBO・M&A 01

　本章では、具体的な事業承継プランニングのうち、事業承継において経営の効率化等の目的で組織再編を活用する場合の事業承継への影響のほか、親族内等に後継者がいない場合を前提とした事業承継の方法である、MBOやM&Aについて説明していきます。

事業承継における
組織再編の活用

02

　近年、グループ企業の経営の効率化等に伴い、グループ機能を持たせるために持株会社化を行うことが主流になっています。この持株会社化を実現するためには、現経営者が所有する自社株を後継者が設立する新会社等（持株会社となる）に移転することになります。ここで、株式譲渡や事業譲渡等に比べ資金負担が少なくできる移転の方法として、同族のグループ内において、「会社分割」や「株式交換・移転」などの組織再編が多く活用されています。また、持株会社でなくとも、同じく経営効率化や人材確保、規模の拡大等に向けたグループ内における「合併」などが実務において活発です。

　事業承継対策の面においては、例えば、2つ以上の事業部門を保有している会社を2つの法人に分けて、一方の事業については長男、もう一方の事業については次男に引き継ぐというように行われるケースがあります。また、事業運営上、最適な組織形態を検討した結果として、組織再編が行われ、結果として、自社株の評価額が抑制され後継者への自社株の承継がしやすくなるケースもあります。

　一方では、組織再編を行うことで、自社株の株価が上昇してしまうケースも想定されるため、事業承継の局面で組織再編を行うにあたっては、きちんと検証したうえで対策を実行する必要があります。

　自社株対策が先行して組織再編が行われるケースもあるでしょうが、その結果として組織が歪んでしまっては本末転倒になります。現経営者及び後継者、場合によっては、経営陣とよく相談をしながら、経営判断として慎重に行うべき課題であるといえます。

　また、持株会社化することで、この会社が納税猶予制度でいう「資産管理型会社[1]」に該当することとなってしまうことがあります。そうなると、納税猶予を適用したいにもかかわらず、適用できないという事態になりかねま

---

[1]　事業承継税制の会社要件に「資産管理型会社（資産保有型会社、資産運用型会社）に該当しないこと。」という要件があり、これに該当すると納税猶予が取消になってしまいます。

せん。あらかじめ検証したうえで、このようなことは避けなければなりません。

　組織再編税制等の詳細な取扱いについてはここでは割愛しますが、事業承継においては、大半がグループ内の組織再編になります。適格要件等を満たしていることを前提に、組織再編を行うことによる事業承継への影響や留意点、さらには自社株評価への影響等の留意点に絞って述べていきます。

1　持株会社化のメリット・デメリット

　そもそも、持株会社化②することによるメリットとデメリットを整理すると以下のとおりになります。ただし、同様の持株会社化であっても、株式譲渡のケースと株式交換・移転等では、効果が異なるのでご注意ください。

---

②　事業承継においては、後継者に自社株を集約する必要があり、例えば複数会社がある場合などは、後継者の出資で持株会社を設立して、当該持株会社が複数会社の株式を保有することで、間接的に後継者がグループ会社を支配、管理することが可能となります。

（1）経営上のメリット・デメリット

持株会社の経営上の観点からのメリット・デメリット

メリット
1. グループの迅速な意思決定が可能となる
2. 事業会社の責任や権限が明確化できる
3. 持株会社と事業会社をそれぞれ独立した会社とすることで、<u>リスク分散</u>ができる
4. 将来のM&Aに柔軟に対応できる 　→他の企業の買収が容易となります。 　　グループ内の事業会社の売却が容易となります。

デメリット
1. 間接部門などの人件費が二重で発生 　→間接部門を一つの会社に集約する等により、従来よりも経費削減が可能
2. 傘下の会社同士で連携不足となりやすい 　→持株会社がグループ全体としての戦略を立てるだけでなく、グループ全体利益が改善されるように、傘下の会社の連携にも目を配る。

（2）税務上のメリット・デメリット

① メリット

（イ）事業会社の株式を直接保有する場合に比べて、持株会社を通じて事業会社の株式を間接保有する場合の方が、相続税評価額の上昇を抑制する結果となる（※）。

（ロ）持株会社へ株式譲渡する場合、換金性の乏しい非上場株式を換金することができる（株式移転・交換の場合は資金化できない）

（ハ）持株会社へ株式譲渡する場合、換金した現金を将来の相続税の納税資金や遺産分割の分配資金等に充てることができる（株式移転・交換の場合は資金化できない）

（ニ）持株会社へ株式譲渡する場合、現経営者の売却した株式に係る相続

税等の問題から解放される（株式移転・交換の場合、現経営者は持株会社の株式を通じて所有したままとなる）

（ホ）持株会社へ株式譲渡する場合、贈与ではなく、売買のため、将来の遺留分対策になる（株式移転・交換の場合は移転・交換後の株式を後継者に贈与するか売買するかで変わる）

※　純資産価額方式の計算上、保有資産の評価が帳簿価額を上回る場合の含み益部分につき、法人税相当額の37％控除が認められています。したがって持株会社の株式は、保有する事業会社の株価上昇によって生じる「含み益」につき37％控除した評価となります。

② デメリット

（イ）持株会社へ株式譲渡する場合、持株会社が株式購入資金を準備する必要がある（株式移転・交換の場合は不要）

（ロ）持株会社へ株式譲渡する場合、株式購入資金を新たに借り入れた持株会社は、返済方法を検討する必要がある（株式移転・交換の場合は不要）

（ハ）持株会社へ株式譲渡する場合、譲渡した株主（現経営者）に、譲渡所得税・住民税（20.315％）が課税される（適格株式移転・交換の場合、適格要件を満たせば課税されない）

実例 1　欠損金を活用せず株価対策を優先

　F社グループは、和菓子の製造販売業を中心に飲食店業、テーマパーク等の娯楽業等を営んでおり、持株会社（HD）が各社の株式を100％保有して多角的経営を行っている。

　HDの株式は、創業者兼社長が大半を保有している。製造販売業を中心に

毎年相当な所得をあげていて子会社の株価は高額になっており、HDの総資産に占める子会社株式の割合はとても高く、株式保有特定会社に該当している。

　間接保有することにより純資産価額の計算上、子会社株式の株価上昇分について法人税相当額（37％）控除のメリットは享受できているものの、依然として株価は高額であり、創業者に万一があった場合、相続税を支払うことはできない。大きなリスクとして、会社に従業していない相続人から相続税を支払うための資金を捻出するために会社に株式の買取り要求がなされることにより、会社に大きなキャッシュアウトが生じてしまうことを懸念していた。

　そこで、経営効率化の観点もあり配当政策等を行うことで、結果として株式保有特定会社に該当しない方向に推移していくことを想定できたため、翌々年に後継者に自社株を承継することを検討していた。一方で持株会社（HD）については、過去の組織再編で生じた数億円の繰越欠損金があったものの、繰越欠損金を使うということは、利益を計上することでもあり、これが株価上昇の原因ともなることから、株価上昇の影響額と比較して、極力利益を抑えていた。

　しかし、欠損金を使用せずに繰越期限を迎えてしまうことにオーナー経営者が気付き、利用しなかったことを責められてしまった。

――――――――――――― 顛末として ―――――――――――――

　欠損金を活用することは株式評価の計算上、利益を計上し、承継時期の株価を上昇させることにつながることから、持株会社（HD）の株価上昇に伴う相続税及び承継コストと欠損金を活用することでの影響額を比較して、欠損金を使用しないほうが大きく有利に働くことについて、我々と経理担当者等との打合せの中では共通認識として理解していたものの、結果として我々

からオーナーに伝えられていなかったことが責められる原因となってしまった。

　また、子会社との連結納税も検討していたが、効果は一時的に過ぎずむしろデメリットのほうが大きかったため断念した経緯などを含め、株価対策を優先したことと、欠損金を利用しなかったことの影響を数値で示して納得してもらった。顧問税理士ではなかったものの株式承継対策に入る前の早い段階で欠損金の活用を案内できたともいえる。この経営者は、相続税はもらった人が払うべきと考えており、会社の経営の資金繰りを重視して日々経営を行っていた。それを後で再認識することになったのである。

2　組織再編等の各手法と事業承継への影響と留意点

(1) 吸収合併

① 概　　要

　吸収合併③では、規模の拡大や経営効率化等の目的でのグループ会社間の合併により、自社株評価の会社規模の判定基準となる、総資産価額、従業員数、取引金額について、いずれもその上昇が期待できます。よって、会社規模が大きくなるごとに、一般的に純資産価額に比べて低いとされる類似業種比準価額の採用が可能になる場合があり、結果として相続税評価額の減少が期待できます。

　一方、注意点としては、合併によって、会社実態に大きな変化がある場合には、一定期間は類似業種比準価額の採用ができないことがあります。合併

---

③　会社が他の会社とする合併であって、合併により消滅する会社の権利義務の全部を合併後存続する会社に承継させるものをいいます（会社法2㉗）。一方で、二以上の会社がする合併であって、合併により消滅する会社の権利義務の全部を合併により設立する会社に承継させるものを「新設合併」といいます（会社法2㉘）。実務上は、事業承継にかかわらず、ほとんどのケースが吸収合併となります。

吸収合併による再編

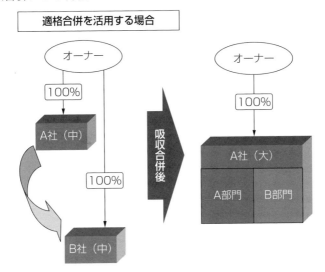

直後の自社株の後継者への移転や、合併直後に現経営者に相続が発生しそうなケースにおいては、十分注意する必要があります。

② **事業承継への影響**

・存続会社の株式を対価とするため資金負担がありません。

・例えば、自社株評価上の会社規模が中会社である2社が大会社1社となる場合等には、類似業種比準価額の採用割合が増え、結果として株価が下がる可能性があります。

・黒字会社と赤字会社の合併により損益が通算され株価が下がる可能性があります。

③ **留 意 点**

・原則として、株主総会の特別決議を要します。

・反対株主の買取り請求権が生じるため、思わぬところで少数株主等に買

取りの機会を与えることになります。

・非適格合併に該当する場合、消滅会社の資産は時価で譲渡したものとされ課税されます。

・要件によっては繰越欠損金を存続会社に引き継ぐことができない場合があります。

・合併により被合併法人の不動産等を引き継ぐ場合に、合併直後の自社株の後継者への移転や合併直後に現経営者に相続が発生しそうなケースでは、課税時期前3年以内の取得に該当する可能性があり、この場合、通常の取引価額（帳簿価額が相当と認められる場合には帳簿価額）での評価となります。

（2）会社分割（分社型分割）

①　概　　要

　会社分割④では、例えば、製造業を営む会社の本業かつ高収益である製造販売部門を、分社型分割により、新設子会社に移転します。この分社型新設分割により、現状の本体会社は、本業を行う事業会社の持株会社となります。

　本体会社が持株会社になることにより、本来の利益が新設子会社に移転することにより利益が圧縮されて自社株の評価額が下がる可能性があるほか、純資産価額の計算上、その後の子会社となる株式の上昇分について、その含み益の37％控除が可能となります。

---

④　会社分割には、株式会社又は合同会社がその事業に関して有する権利義務の全部又は一部を分割後他の会社に承継させる「吸収分割」と、一又は二以上の株式会社又は合同会社がその事業に関して有する権利義務の全部又は一部を分割により設立する会社に承継させる「新設分割」があります。この会社分割の形式の中に、分割の対価として、分割承継会社の株式を分割会社に割り当てる手法を「分社型分割」、分割会社に割り当てられた株式を分割会社の株主に対して、配当という形で分割会社の株主に割り当てられる手法を「分割型分割」といいます。

会社分割（分社型分割）による再編

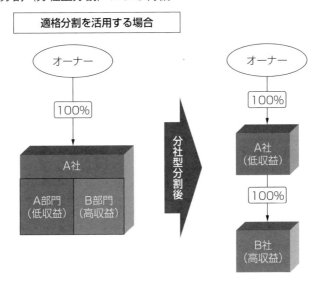

適格分割を活用する場合

② **事業承継への影響**

・事業部門の分社化を資金負担なしに行うことができます。

・低収益部門を親会社、高収益部門を子会社として分社型分割を行うことで、結果として自社株の評価額が下がる可能性があります。

③ **留 意 点**

・原則として、株主総会の特別決議が必要です。

・非適格分割に該当する場合、分割資産は時価で譲渡したものとされ課税されます。

・繰越欠損金の引継ぎができません。

・分割により本体会社の業種区分が変更となる場合には、前々年・前々々年の数値がないため、純資産価額で評価をしなければならない可能性があります。

・新設子会社は、設立3年以内は純資産価額での評価となります。また、このとき、子会社が高収益、かつ、総資産価額が少ない場合、営業権が算定される場合があり、評価が上昇してしまう可能性があります。特に、親会社が株式保有特定会社に該当し、類似業種比準価額の採用ができない場合は、注意が必要です。

(3) 会社分割（分割型分割)

① 概　　　要

会社分割（分割型分割）による再編

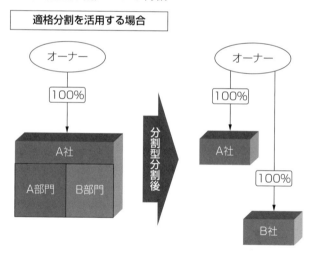

　例えば、後継者が長男、次男の2人以上いて、本体会社に複数事業部門が存する場合には、予め事業部門を分割型分割により2つの法人に分けて、A事業の法人は長男へ、B事業の法人は次男へという事業承継の筋道を立てることが可能です。

② 事業承継への影響
・事業部門の分社化を資金負担なしに行うことができます。
・異なる事業部門を別会社とすることで、独立性が高まり経営の効率化が期待できます。
③ 留意点
・原則として、株主総会の特別決議が必要です。
・非適格分割に該当する場合、分割資産は時価で譲渡したものとされて課税されます。
・繰越欠損金の引継ぎは合併に類似した適格分割型分割を除いてできません。
・分割承継会社が新設会社の場合には、設立から3年以内は純資産価額の評価となります。

実例 2　会社分割後に株式保有特定会社に該当

　多店舗展開している小売業を営むG社は、毎期高所得をあげており、株価が高かった。このまま所得を計上し続けると株価は毎年上昇していくことから、何とかならないかと相談を受けた。

　多店舗展開している店舗のうち高収益の店舗を分社型分割により子会社化し、親会社の株価の引下げと持株会社化による株価上昇の抑制を図った。数年経過後には会社分割の効果が生じることと、また、現経営者が65歳（改正前）を迎えて相続時精算課税制度を使えるようになるなど、会社の事業計画どおりに行けば一定期間経過後に後継者に自社株の承継を行うことを検討していた。

　ところが、想定以上にこの分社化した子会社の業績が好調で、過去最高の

利益を計上することとなった。

　また、好景気も手伝って、類似業種比準価額の類似株価も上昇し、親会社は株式保有特定会社に該当してしまい（当時、大会社は株式保有割合が25％以上で株式保有特定会社に該当した）、当初、一定期間経過後として予定していた時期にも自社株の承継ができなかった。

─────── 顛末として ───────

　記念配当による配当政策の影響と財産評価基本通達の改正が行われ、タイミングよく大会社の株式保有特定割合が25％から50％に下がったため、最終的には株式保有特定会社に該当しないこととなった。該当しなくなったタイミングで、現経営者から後継者へ自社株を相続時精算課税制度により承継することができた。数年先はわからない。会社の事業計画以上の利益が生じた場合も想定して、計画を考えるべきであると思った。

(4) 株式移転・株式交換

① 概　　要

　株式移転・株式交換[5]という手法もあります。

　株式移転は、現経営者と本体会社との間に新規に持株会社を設立する方法です。持株会社は基本的に純資産価額で評価されることが多いので、何か事業を行うことで、類似業種比準価額が採用される可能性があります（株式保有特定会社に該当しない場合）。

　また、株式交換は、現経営者を中心として保有する複数の兄弟会社が存す

---

[5]　「株式交換」とは、株式会社がその発行済株式（株式会社が発行している株式をいう。以下同じ）の全部を他の株式会社又は合同会社に取得させることをいい、「株式移転」とは、一又は二以上の株式会社がその発行済株式の全部を新たに設立する株式会社に取得させることをいいます。どちらも、100％親子関係を築く際の手法として用いられています。

株式交換による再編

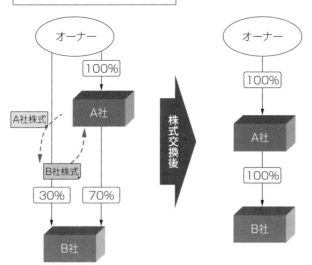

適格株式交換を活用する場合

る場合に、株式交換により1つの会社を完全親会社（持株会社）とし、他の会社を完全子会社とする方法です。株式移転も株式交換も、現経営者は、本体会社の自社株を間接的に保有することになります。そのため、本体会社の自社株の評価の上昇分について含み益の法人税相当額（37％）控除が可能になり、評価の上昇を抑えることができます。

② 事業承継への影響
・完全親子関係を構築することができます。
・完全親会社の株式を対価とするため、資金負担がありません。
・適格株式移転・交換に該当すれば、課税は生じません。
・株式は直接保有するよりも、会社を通じて間接保有とする方が、将来の自社株の評価額の上昇を抑えることが可能です。

③ 留 意 点
・原則として、株主総会の特別決議が必要です。
・完全親会社が株式保有特定会社に該当する場合、純資産価額等により評価する必要があり、効果が薄れる可能性があります。
・非適格株式移転・交換に該当すれば、完全子会社の資産を時価評価する必要があり、資産の含み益に対して課税されます。

実例 **3** 　青色申告の承認申請が出されていなかった

　工事業を営むH社及びH社の株式を一部保有するH社のホールディングカンパニー（HD）から、株式交換による100％子会社化コンサルティングについてのスポット依頼を受けた。

　HDについては、既に2期目に入っていたので、別の税理士の行った1期目の申告内容（青色申告かどうかも含め）を確認したいと考え、経理担当者へ依頼して申告書を頂いた。そこでは、H社の株式購入に伴う借入の支払利息等で多額の欠損金が生じており、申告書の1表には「青色」申告である旨が明記され、当然ながら欠損金の繰越控除をしていた。

　株式交換後の決算（2期目）から、HDの法人税申告の依頼を受けた。収入は、H社からの受取配当のみであったが、全額益金不算入、一方、支払利子分は欠損金として繰越の申告を行った。

ところが、数年申告を続けたのち、電子申告のお知らせに「白色」と表示されているのが確認された。所轄税務署に問い合わせたところ、設立時に青色申告の承認申請書が提出されていない事実が判明した。

———————— **顛末として** ————————

　1期目の申告をした税理士にも問い合わせたところ、「覚えがない」とのこと。H社に丁寧に説明して、納得してもらい、累積の繰越欠損金は多額となっていたがすべて切捨てとするほかはなく、あらためて青色申告を提出し直した。

　HDにおいては当面、黒字化は考えにくく、欠損金を活用する場面はないものの、将来的に、H社との合併を行う場合に欠損金の引継ぎを行うことができれば、活用できたことを考えると苦い経験であった。1期目の申告に問題があったものの、1期目に青色の承認申請書自体を確認しておらずに、その後も白色申告であることに気付かなかったことには、責任を感じている。

　少数株主等の問題もあり、資本政策の観点から合併等は想定しておらず、実質的に欠損金切捨てによる損害は起きなかったが、申告を引き継ぐ際は、必ず届出書一式を確認するように肝に銘じている。

(5)　事業譲渡

①　概　　要

　上記（2）の会社分割（分社型分割）に替えて、本体（評価）会社の高収益部門を後継者が設立した会社に有償で事業譲渡[6]する方法があります。会社分割が適格要件を満たす場合、簿価引継ぎなのに対して、譲受会社は資金調達を行い時価で譲り受けることになり、譲渡会社は時価と簿価との差額について法人税等が生じます。

---

[6]　M&Aの手法としても用いられますが、「株式譲渡」が株主の保有する株式を売却するのに対して、「事業譲渡」は、会社の事業の全部又は一部を売却する方法です。旧商法では「営業譲渡」と呼ばれていました。事業譲渡は、事業承継においても活用され、時価で事業譲渡代金の支払いが生じ、権利義務が個別承継となります。分割承継会社の株式を対価とする会社分割とも比較されます（153頁の表を参照）。

事業譲渡による再編

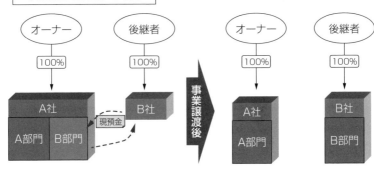

事業譲渡を活用する場合

② **事業承継への影響**
・高収益部門を事業譲渡して本体会社から切り離すことにより本体会社の利益が小さくなり、利益を比準して計算する類似業種比準価額が下がる可能性があります（ただし、事業譲渡により本体会社の業種区分等が変更となる場合には、前々年・前々々年の数値がないため、純資産価額で評価をしなければならない可能性がある）。
・のれん（営業権）について、適正な評価額による譲渡が必要になります。なお、このれんには法人税等が課されますが、新会社において5年間の償却が可能となります。

③ **留　意　点**
・譲受会社は、時価で事業譲渡代金の資金調達が必要です。
・事業の契約上の地位の引継ぎについては、権利義務の個別承継となるため、個別の承認手続きが必要です。
・従業員の引継ぎについて、個別の同意が必要です。
・許認可について、引継ぎができないため、譲受会社が取り直す必要があります。

・権利義務の個別承継のため、消費税の課税対象取引となります。

事業譲渡と会社分割の比較

	事業譲渡	会社分割
譲渡対価の支払い	時価で事業譲渡代金として支払いが必要である（資金調達が必要）	分割承継会社の株式を分割会社また分割会社の株主へ交付する（資金調達が不要）
譲渡価額	時価での譲渡が原則	適格分割の場合は、簿価での引継ぎ
課税関係	時価と簿価との差額について法人税等が生じる	適格分割の場合は、原則課税は繰延べされる非適格分割の場合は、課税が生じる
事業の契約上の地位の引継ぎ	権利義務の個別承継のため、個別の承継手続が必要である	包括承継のため、原則個別の承継手続きは不要である
従業員の引継ぎ	個別の同意が必要（事業協議は要請されない）	個別の同意なく承継可能（労働者との事前協議が必要）
免許・許認可	引継ぎができないため、譲受会社が全て取り直す必要あり	業種により異なるが、引継ぎが可能な場合もある
営業権	適正な評価が必要である	非適格分割の場合、のれんが計上される場合がある
資産移転等に伴う移転コスト	不動産取得税……課税 登録免許税………通常税率	不動産取得税……一定要件で非課税 登録免許税………通常税率
消費税	権利義務の個別承継のため、消費税の課税対象取引となる	包括承継のため、課税対象外取引となる

(6) 現物分配

① 概　　要

現物分配による再編

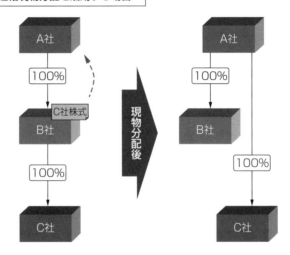

現物分配(7)は、法人がその株主に対して、「剰余金の配当」又は「みなし配当」により、金銭以外の資産（株式・不動産等）を交付することをいいます。なお、100％グループ内の法人間の現物分配（みなし配当を含む）については、簿価による譲渡と取り扱うこととなり、譲渡損益の計上を繰り延べられます（適格現物分配）。また、源泉徴収も不要となります。

現物分配を利用して、孫会社を子会社化するほか、子会社が所有する不動

---

⑦　法人が株主に対して、金銭以外の資産を交付することをいいます。事業承継においては、子会社が孫会社の株式を親会社に現物分配することで孫会社を子会社化したり、子会社の不動産等を親会社に集約したりといった際に活用します。

産等の資産を、課税なしに移すことが可能です。したがって、完全親子会社が構築された後に、不動産等を親会社に集約するために現物分配を行うことが想定されます。

② **事業承継への影響**

・孫会社の子会社化が容易に行えます。

・適格現物分配に該当する場合には、資産の譲渡損益を認識しません。

・株式のみならず、不動産等の現物分配も可能です。

③ **留　意　点**

・グループ法人税制の適用を受けるには、法人間に完全支配関係（100％の持分関係）が必要となります。

・適格現物分配に該当しない現物分配は、資産の譲渡として課税されます。

・現物分配を受けた法人において、繰越欠損金の繰越控除が制限される場合があります。

(7) 株式交付制度

① 概要

（イ）制度概要

　株式交付制度は、令和3（2021）年3月施行の改正会社法により創設された制度であり、完全子会社とすることを予定していない場合であっても、株式会社が他の株式会社を子会社（議決権の50％超を取得）とするため、自社の株式を他の株式会社の株主に交付することができる制度です。つまり、親会社の自社株を対価として他の会社を子会社化することができるM＆A手法の一つとなります。

　自社の株式を対価として他の会社を子会社とする手段として前述の「株式交換制度」がありますが、完全子会社とする場合でなければ利用することができませんでした。一方で株式交換制度とは異なり、買収対象会社の株主のうち希望者のみからその株式を取得する点に特徴があります。

（ロ）税務上の取扱い

　株式交付制度は、会社法施行と同年の税制改正において、買収対象会社の株主（法人及び個人）が買収対象会社株式を譲渡し、買収会社の株式等の交付を受けた場合には、その譲渡した株式の譲渡損益の計上を繰り延べることができることとされました。その際に、自社株式と併せて金銭等を交付する混合対価についても、交付を受けた資産の価額のうち、自社株式の価額が80％以上であれば一定程度繰り延べが認められています。

　また、株式交付制度は、会社法上、組織再編の一つに該当するものの、法人税法の組織再編税制の対象ではない（租税特別措置法に規定）ため、税制適格要件はなく、株式交付子会社の資産の時価評価課税などはありません。

　　※　なお、令和5年度税制改正大綱において、令和5年10月1日以降に行われる株式交付について株式交付に係る税制の対象となる株式交付親会社が、同族会社（非同族の同族会社を除く）に該当する場合を除外するとされているため、改正内容に留意する必要があります。

② 事業承継への影響

・子会社となる事業会社が親会社の間接保有となることにより、受取配当等の益金不算入の活用や株式評価上37％控除の享受が得られる可能性があります。

・子会社の株主に反対株主がいる場合でも、その株主の意向には関係なく進めることが可能となります。（子会社の株主の反対株主の買取請求権はありません）

・持株会等がある場合でも、持株会等はそのままに、オーナー一族の株式等に限定して持株会社に集約することができます。

・子会社となる会社の株主数が50人以上の場合、株式交換制度を利用しますと完全親会社の増加する資本金等の額について、子会社の簿価純資産価額に相当する金額となり大きく増加する可能性がありますが、株式交付制度の場合、交付に応じる株主数が50人未満の場合は、子会社の株主の取得価

額相当額のみの増加となります。

③ 留意点

・既に子会社（議決権の50％超を保有）となっている場合は、株式交付制度を利用することができません。

・株式交付親会社は、譲り受ける株式交付子会社の株式の数の下限（原則として株式交付子会社における議決権の50％超）、交付する株行親会社の株式や金銭等の内容及びその割当に関する事項、効力発生日など定めた株式交付計画書を作成する必要があります。原則として、効力発生日の前日までに株主総会の特別決議による承認が必要です。また、譲渡の申込をしようとする株式交付子会社の株主に対して、株式交付計画の内容等を通知する必要があります。

・株式交付親会社の株主及び債権者保護のため、株式交付計画の内容の事前・事後の備置き、株主の救済手段として差止請求権と反対株主の株式買取請求権、債権者保護手続き（但し、金銭等交付の場合を除き原則不要と

株式交付による再編

株式交付制度を活用する場合

なります）等が設けられています。

3　その他事業承継で組織再編を行うにあたって注意する点

　その他、詳細は割愛しますが、事業承継で組織再編を行うにあたって、注意する点も以下に列挙します。実行する前にきちんと検証を行う必要があります。

① 　適格要件の検討
② 　繰越欠損金、特定資産譲渡等損失の制限の確認
③ 　組織再編後の議決権への影響
④ 　組織再編後の株式評価等への影響
⑤ 　株式保有特定会社に該当するかどうかの検証
⑥ 　株式交換等の場合、株式評価上の現物出資受入れ差額の認識
⑦ 　グループ法人税制への影響
⑧ 　納税猶予適用への影響
⑨ 　生じるコスト（登録免許税、不動産取得税等）と効果　　等

後継者が不在の場合 03

　かつては、事業承継というと子供などへの親族内承継が主流でした。しかし近年では、「親族内に適当な後継者がいない」、「いても継ぐ気がない」など、必ずしもそれが実態に合わないケースが多くあります。

　また「M&A」も上場企業等の大企業が行うイメージであったところ、これも徐々に変化してきています。経営者の高齢化と少子化等の影響が重なり、そして世の中の人手不足という環境も相まって、中小企業の事業承継の出口戦略の一つとして、中小企業（同士）のM&Aの必要性が年々高まってきているのが実態です。人手不足とM&Aは一見つながりにくいようですが、M&Aを利用して人材確保したいというニーズが高まっているのです。

　なお、キャッシュプランという意味では、M&A等でハッピーリタイアして自社株を現金化し、家族に対してキャッシュを残すという選択肢が検討されるようになってきています。

【親族内承継が難しい具体例】
・後継者の経営者としての資質や能力不足又は事業経営に関心（意欲）がない
・後継者が「株式の買取費用」又は「相続税・贈与税の納税資金」が用意できない
・親族内後継者の経営能力不足や会社を私物化して衰退させる恐れがあり、会社を任せることができない

1　非上場会社のM&Aの現状

　「ある日本の中小企業メーカーが、高い技術と価値があることに気付かずに、海外の企業に安い価格でその会社の株式を売却……」。このような話が現実に起きています。この会社にきちんとしたアドバイザーがいれば、高い価格で売却することができたかもしれません。海外企業への技術の流出も防げた

のではないでしょうか。

　また、黒字企業が毎年3万社も廃業しているというのも事実です。もちろんすべてが後継者不足による廃業ではないでしょうが、黒字にも関わらず廃業というのは見過ごすことができない事実です。ご承知のとおり、倒産してしまうことと、自ら（後継者不在等で）廃業することは大きく異なります。「もったいない」と思うのは私だけではないと思います。

2　MBOによる事業承継

　MBOとは、Management Buyoutの略で、役員等の経営陣が、事業の継続性を前提に自社株を買い取り、オーナー経営者として独立する行為をいいます。なお、同ケースで、従業員が自社株を買い取る場合は、「EBO（Employee Buyout）」といいます。親族内に後継者がいない場合に、MBO又はEBOの方法により、社内の後継者に対して会社の所有権を譲ることになります。資金調達を要するため、金融機関からの借入や現経営者からの買取り金額が多額となる場合には、ファンド等からの出資を受けるなどの対応も必要です。

　社内に有能な役員や従業員が存在する場合には、M&Aの前に、MBOを選択肢として検討すべきでしょう。一方で、従来はサラリーマンであった役員が借入の保証を含むオーナー経営者になることができるか（その覚悟を持つことができるか）が最大のポイントです。

(1) MBOのスキーム

　一般的には、後継者である役員等の個人が現経営者から自社株を買い取ることは、資金調達の関係上、多くのケースでは難しいでしょう。そのため、後継者である役員等が設立した新会社にて金融機関等から株式購入資金を調達し、現経営者に株式譲渡代金を支払います。

　返済は本体会社からの配当を原資とします。また、一定期間後に新会社と

本体会社が合併して、本体会社のキャッシュフローで借入金の返済をしていくなどのスキームが一般的です。

　なお、株式購入代金が多額となる場合には、ファンドからの出資を募るケースもあります。

(2) MBOのメリット・デメリット

　MBOのメリット・デメリットは以下のとおりです。

① メリット

・親族内に後継者がいない場合でも、第三者へ会社を引き継いでもらうM&Aを行うことなく、自社株を手放すことができ、現経営者にとっても現金化が可能となります（現経営者の家族に対しては、現金として残すことができる）。

・自社の事業の特性を理解した役員・従業員が後継者として事業を継承するため、円滑な事業承継が期待できます。

・従業員等の雇用が守られて、企業風土や文化などの会社の独自性も継続が可能となります。

・設立した新会社にて株式購入資金を調達し、返済は本体会社からの配当を原資とするため、後継者個人が資金負担を強いられる心配がありません。

MBOのスキーム

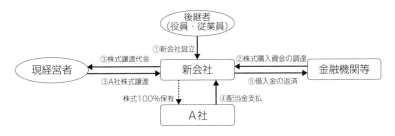

② デメリット

・役員、従業員内で不満や対立が起こらないよう注意が必要です。

・株式の買取り資金の調達方法を検討する必要があります。

・一般的に経営手腕の客観的評価は容易でなく、特に後継者候補が複数存在する場合には、後継者決定後に軋轢を生まないよう、十分な配慮が必要です。

・新会社が買取り資金を調達する際、後継者が個人保証を求められるケースが多いため、後継者及び後継者の配偶者の理解が十分でないと、スキーム実行直前に頓挫する可能性があります。

3　M&Aによる事業承継

(1) M&Aのメリット・デメリット

　会社には守るべき社員や取引先があり、また、後継者不在による廃業を避けるためにも、親族内や役員（従業員）など社内に後継者が見つからない場合、社外に求める選択肢がM&Aです。そのメリット・デメリットについて、以下のとおりです。

① メリット

・何より後継者がいない場合でも、事業を残すことができ、社員の雇用や取引先との関係をそのまま継続することができます。

・一般的に、社長の連帯保証や担保提供がなくなります。

・オーナーは現金化（株式譲渡の場合、約20％の課税）することができます。

② デメリット

・秘密漏えいが起きた場合、社員の不安感の増大や退社のリスクが高まります。

・社内文化の相違による、モチベーション低下の懸念があります。

・譲り受け先を見つけるには、ある程度の時間がかかります。

（2）M&Aのスキーム

　中小企業の場合、株式譲渡の手法が用いられるケースが多いです。理由としては、支配権の移転が明確であり、後継者が不在の会社にとっては株式の現金化が容易であるためです。

　また、事業譲渡に比べ、手続きが簡便です。

　以下、一般的な株式譲渡及び事業譲渡のスキームの基本的な流れとなります。

①　株式譲渡による場合

〈基本的な流れ〉

（イ）オーナー（現経営者）が所有するA社株式を第三者へ売却します。

（ロ）オーナー（現経営者）は譲渡代金のうちから株式譲渡益の約20％相当
　　　額の税金（所得税15.315％、住民税5％）を申告及び納税が必要です。

（ハ）A社株式の売却後は、第三者が支配権を行使することになります。

株式譲渡による場合

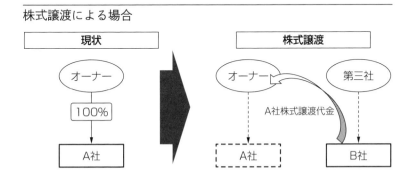

② 事業譲渡・清算による場合

〈基本的な流れ〉

（イ）A社の事業を第三者が経営するB社へ売却します。

（ロ）A社は事業譲渡代金が入ります。また、事業譲渡代金を原資にオーナー
　　　（現経営者）に退職金を支払います。

（ハ）その後、A社は解散及び清算します。

事業譲渡・清算による場合

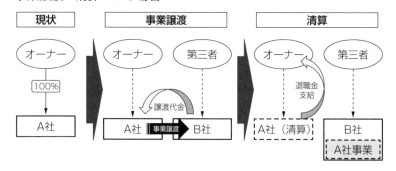

株式譲渡と事業譲渡の比較（メリット・デメリット）

	株式譲渡による場合	事業譲渡・清算による場合
メリット	○諸手続きが比較的簡易です。 〈売り手〉 ○株式譲渡課税（約20％）で完結します。 〈買い手〉 ○買い手は既存の契約関係等をそのまま引き継げます。 ○不動産などを引き継ぐ場合、移転コスト（登記費用、不動産取得税等）がかかりません。	〈売り手〉 ○事業の一部のみを譲渡することが可能です。 〈買い手〉 ○必要な事業等だけを選択して買うことができます。

	〈売り手〉 ○事業の一部だけを売却することはできません。 〈買い手〉 ○偶発債務、不良資産を引き継ぐ可能性があります。	○手続きに手数がかかります。 〈売り手〉 ○営業権などの売却益が法人に課税されます。 〈買い手〉 ○契約関係等は新たに締結をし直す必要あります。 ○不動産などを引き継ぐ場合、移転コスト（登記費用、不動産取得税等）がかかります。
デメリット		

(3) M&Aの売買価額（いくらで売れるのか）

　非上場会社の事業価値算定は、各種様々な評価アプローチが採用されています。

　具体的には、マルチプル法、DCF方式、時価純資産方式、類似会社比準方式、売買実例方式などが見受けられます。

　ここで詳しくは割愛しますが、企業評価額の算定にあたっては、企業の実態（現在及び将来の収益性、資産性等）に応じて様々な角度から検討することが必要とされます。

M&Aの進行手順

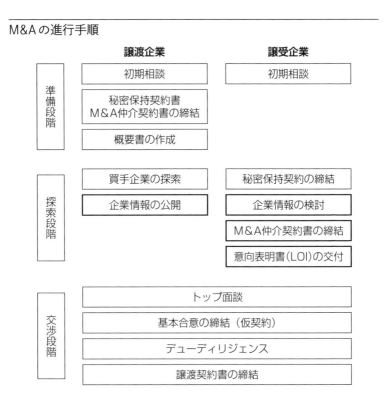

4 業績が良い時がチャンス

　一口にM&Aといっても、相手先とのマッチングから、その手法（株式譲渡なのか事業譲渡なのか）や、M&Aの前に会社を磨き上げて企業価値を高めるなど準備が必要なケースもあります。

　業績が悪くなると必然的に株価も下がるため、業績が良い時が売り時ともいえるでしょう。

▌執筆者紹介

松浦　真義（まつうら　まさよし）

税理士、辻・本郷税理士法人シニアパートナー。
2002 年　辻・本郷税理士法人に入所
2017 年　辻・本郷税理士法人　事業承継コンサルティングセンター統括部長
入所以来、相続・事業承継業務中心の部署に所属し、現在に至るまで、主に企業オーナー、地権者の相続対策・事業承継対策コンサルティングに取り組んでいる。

【主要著書（共著）】
「税理士が見つけた！　本当は怖い事業承継の失敗事例 55」東峰書房
「税理士が見つけた！　本当は怖い相続の失敗事例 55」東峰書房
「Ｑ＆Ａ海外資産税　国外転出者・国外居住者の譲渡・相続・贈与と税務ポイント」清文社
「オーナーのための自社株の税務＆実務－売買・保有・評価－」税務経理協会
「相続税がかぎりなくゼロ円になる方法」宝島社　ほか多数

著者との契約により検印省略

令和元年 7 月 1 日　初　版　発　行
令和 5 年 2 月20日　第 2 版　発　行

実例でわかる
事業承継に強い税理士になるための教科書
〔第 2 版〕

著　　者　　松　浦　真　義
発　行　者　　大　坪　克　行
印　刷　所　　美研プリンティング株式会社
製　本　所　　牧製本印刷株式会社

発　行　所　　東京都新宿区　　株式　税務経理協会
　　　　　　　下落合 2 丁目 5 番13号　会社

郵便番号 161-0033　振替　00190-2-187408　電話(03)3953-3301（編集代表）
　　　　　　　　　　FAX（03）3565-3391　　　（03）3953-3325（営業代表）
　　　　　　　　　　乱丁・落丁の場合はお取替えいたします。
　　　　　　　　　　URL http://www.zeikei.co.jp/

ISBN978-4-419-06911-7　C3032